박경호헬라어번역성경

MARK
New 마가복음

죄의 원인 = 귀신추방

"전무후무한 성경"

"KJV 및 개역개정의 오번역을
헬라어 원어로 완벽하게 정정한 성경"

세계 최초 1:1 대응 번역

헬라어신약 스테판(1550년)
한글 번역 및 1:1 대응 수정(박경호, 2021년)

부록 : 박경호헬라어스트롱사전(1:1 한글 대응)

역자 박경호

1986년 서울대학교 졸업
1989년 서울대학교 대학원 졸업

현) 베다니 히브리어&헬라어 번역원 원장

번역출판물
박경호헬라어번역성경
(New마태복음, New누가복음, 마가복음, 요한복음, 요한계시록)

NEW

마가복음

개정판 1쇄 발행 2021년 11월 30일

역 자 박경호
펴낸이 유애영
펴낸곳 히브리어&헬라어 번역 출판사
디자인 주식회사 북모아
인쇄처 주식회사 북모아

출판등록번호 제2020-000143호
전 화 010-3090-8419
주 소 서울특별시 서초구 본마을 55-1 지하 1층
팩 스 070-4090-8419

ISBN 979-11-972349-2-7

가격 49,000원

New
마가복음

죄의 원인 =
귀신추방

JESUS

In the name of Jesus Christ Lord Amen

머리말

홍해를 건너는 것은 거듭남을 상징합니다.
또한 요단강을 건너는 것은 구원을 상징합니다!

요단강을 건너, 가나안 7족속을 멸한 것은 축사를 상징합니다!

요단강을 건넜다해도,
설사 할당된 땅을 소유했다해도,
그 땅에 거하는 가나안 족속을 쫓아내지 못하면,
'단'지파처럼, 구원 상실이라는 비극을 맞이하는 것입니다!

거듭난 자가 마귀의 시험에 빠져,
구원을 잃는 것을 실족이라 부르며!
구원받은 자가 마귀의 시험에 빠져,
구원을 잃는 것을 구원 상실이라고 부릅니다.

거듭남이 출생에 비유될 수 있다면,
구원은 마귀를 이겨 천국을 상속받을 수 있는
20세 이상에 비유될 수 있습니다.

영생은 구원을 소유한 자가,
구원을 잃지 않다가, 죽는 순간 소유하는 것이기에
'주안에서 죽는 것'이 복 있는 것입니다.

구원 상실은 죄의 결과이며,
그 죄는 하나님께 대한 불순종인데,
우리 안에 있는 귀신에게서
이 불순종이 마귀의 지령으로 수행되는 것입니다.

[박경호헬라어번역성경 New마가복음]의 제목을!
[죄의 원인 = 귀신추방]으로 선정한 이유는,
마가복음 안에는,
정신병, 열병, 문둥병, 중풍병, 군대귀신, 피유출증, 죽음,
귀먹은 자, 눈먼 자 등 매우 다양한 영적인 육적인
질병의 원인이 귀신임을 드러내며,
그 귀신을 추방하시는, 예수님이 자세히 묘사되었기 때문입니다.

아주 중요한 것은,
거듭난 영혼이 귀신에 의해서
영적인 질병상태로 천국에 들어갈 수 없기에,
예수님께서 치료하시는 것으로 묘사되지만,

사실은,
거듭난 또는 구원받은 우리가,
예수님의 도움으로 성령의 능력을 힘입어
귀신을 쫓아내는 것을 형상화시킨 것입니다.

육의 질병이,
계속적인 육의 증상이 발현되다가 죽듯이,
영의 질병이,
계속적인 영의 증상이 발현되다가 그 영이 죽는 것이기에,
귀신은,
영의 질병은 물론 육의 질병을 일으키는 것은 물론,
마음의 고통과 반드시
하나님을 대적하는 죄를 짓게 하는 존재입니다.

[귀신추방]은, 육체의 건강과
마음의 건강은 물론 죄를 짓지 않게 하는 의로움을 주며,
최종적으로는,
구원을 잃지 않게 하여 영생을 누리게 하는
최상의 영적인 방법이 되는 것입니다.

"믿는 자들에게는 이런 표적들이 가까이따를 것이다.
내 이름으로 귀신들을 내보낼 것이다."

여기서 내 이름은,
예수님의 존재를 의미하며,
곧 구원받은 자 안에 거하시는 예수님의 능력을 통해,
자신이나 타인 안에 있는 귀신을 쫓아내는,
단회적이거나 수개월에 걸치거나 수년에 걸친
축사를 선물로 얻어낸다는 것입니다.

[마가복음=축사복음]이기에,
거듭남의 마태복음과 구원의 누가복음에 이은 3번째 복음으로,
마태복음, 누가복음, 마가복음, 요한복음의 순서로
4복음서의 순서를 변경시켰습니다.

1:1한글 대응으로,
헬라어 한 단어에 신약성경 전체를 관통하는
한글 한 단어를 선정하였기에,
[전무후무한 성경]이란 부제목을 달았습니다.

KJV 및 개역개정의 수 만개의 오번역이 수정된 이 책은,
분명 예수님의 작품입니다!

2021년 11월 11일

[베다니 히브리어&헬라어 번역원 원장] 박경호

목차

장

1절~11절 [개역개정, KJV 1:1~1:13]

성령세례, 마귀시험과 승리

1장

NEW
마가복음

01 하나님의 아들, 예수 그리스도의 복음의 처음은!

02 "오! 내가 내 전달자를 네 앞서 보내는데, 그가 네 앞에서 네 길을 예비할 것이다. 광야에서 외치는 음성, '너희는 주님의 길을 준비해라! 그분의 험한길들을 곧바르게 만들어라!'"라고 선지자들에 기록된 대로,

03 요한이 광야에서 세례주며, 죄들의 사함에 이르는 회개의 세례를 전파하게 되었습니다.

04 모든 유대 지방과 예루살렘인들이 그에게 나와, 자기들의 죄들을 공개발언하며, 모든 자들이 요단 강에서 그에게서 세례 받았습니다.

05 요한은 낙타의 털을 입고, 그의 허리에 가죽 띠를 차고, 메뚜

기들과 야생 꿀을 식사하고 있었습니다.

06 그리고 말하기를, "내 뒤에 나보다 더강하신 분이 오시는데, 나는 굽혀서 그분의 신발의 끈을 풀기에도 매우크지 못하다.

07 나는 너희에게 물로 세례주었지만, 그분은 너희에게 거룩한 영으로 세례주실 것이다."라고 전파하였습니다.

08 그 기간에, 예수님께서 갈릴리의 나사렛에서 오셨으며, 요단에서 요한에게서 세례받으셨습니다.

09 곧바로 그분은 물에서 올라오시는데, 하늘들이 갈라지는 것과 영이 비둘기처럼 자기에게 내려오는 것을 보셨습니다. 그리고 "너는 사랑하는 내 아들이며, 내가 너를 기뻐했다."라는 음성이 하늘들에서 있었습니다.

10 곧바로 영이 그분을 광야로 내보내십니다.

11 사탄에게서 시험받으시면서 40일을 거기 광야에 계셨으며, 짐승들과 함께 계셨습니다. 그리고 천사들이 그분을 섬겼습니다.

• 전무후무한 성경 •

NEW

MARK

• 세계 최초 1:1 대응 번역 •

2장

12절~17절 [개역개정, KJV 1:14~1:20]

제자로의 부르심

2장

NEW
마가복음

12 요한이 넘겨진 후, 예수님께서는, "때가 성취되었고, 하나님
의 왕국이 가까왔다. 회개해라! 그리고 복음을 믿어라!"라고
말씀하시며, 하나님의 왕국의 복음을 전파하시며, 갈릴리로
오셨습니다.

13 그분은 갈릴리 바닷가를 걸으시면서, 시몬과 그의 형제 안드
레가 그물을 바다에 던지는 것을 보셨습니다. 그들은 어부였
기 때문입니다.

14 예수님께서 그들에게 말씀하셨습니다. "나를 뒤쫓아 와라.
내가 너희를 사람들의 어부들이 되게 만들 것이다."

15 곧바로 그들은 자기들의 그물들을 버려두고, 그분을 따랐습
니다.

16 거기서 조금만 더가시다가 세베대의 아들 야고보와 그의 형제 요한을 보셨는데, 그들도 배에서 그물들을 온전케하고 있었습니다.

17 곧바로 그들을 부르셨습니다. 그들은 고용한 자들과 함께 배에 있는 그들의 아버지 세베대를 버려두고, 그분을 뒤쫓아 갔습니다.

3장

18절~45절 [개역개정, KJV 1:21~2:12]

정신병, 열병, 문둥병, 중풍병

3장

NEW
마가복음

18 그들은 가버나움으로 들어갑니다. 곧바로 안식의 날에, 그분은 회당으로 들어가셔서 가르치셨습니다.

19 그들은 그분의 가르침에 놀라워했습니다. 권세를 갖고있는 자 같이 그들을 가르치시고 계셨으며, 서기관들과 같지 않았기 때문입니다.

20 그들의 회당에 더러운 영 안에 있는 사람이 있었고, 말하기를, "으악! 우리와 당신이 무슨 상관입니까? 나사렛 예수님! 우리를 멸망시키러 오셨습니까? 당신이 누구이신지를 아는데, 하나님의 거룩한 분이십니다."라고 부르짖었습니다.

21 예수님께서 말씀하시기를, "잠잠해져라! 그리고 그에게서 나와라!"라고 그를 꾸짖으셨습니다.

22 더러운 영이 그를 경련일으키며, 큰 음성으로 소리지르며, 그에게서 나왔습니다.

23 모든 자들이 놀랍게되었으므로, 말하기를, "이것이 무엇이냐? 권세로 더러운 영들에게 분부하자 그들이 그분께 순종하니, 이 새 가르침이 무엇이냐?"라고 그들끼리 문의하는 것입니다. 그분의 소문이 곧바로 갈릴리 온 주변지방으로 나갔습니다.

24 곧바로 그들은 회당에서 나와, 야고보와 요한과 함께 시몬과 안드레의 집으로 갔습니다.

25 시몬의 장모가 열병앓아 기대어누워있습니다. 곧바로 사람들이 그녀에 대하여 그분께 말합니다.

26 그분이 나아오셔서 그녀의 손을 붙잡아, 그녀를 일으키셨습니다. 열병이 곧바로 그녀를 버려두었으며, 그녀가 그들을 섬겼습니다.

27 저물게 되어, 태양이 졌을 때, 그들은 나쁘게 갖고있는 자들과 귀신들린 자들 모두를 그분에게 데려왔습니다. 온 성이 문에 모여 있었습니다.

28 그분은 여러가지 질병을 나쁘게 갖고있는 많은 자들을 고치

셨으며, 많은 귀신들을 내보내셨는데, 귀신들이 그분을 알고 있었기에, 그들이 얘기하는 것을 허용하지 않으셨습니다.

29 그분은 심히 새벽 한밤에 일어서 나가셨으며, 한적한 장소로 가셨으며, 거기서 기도하셨습니다.

30 시몬 및 그분과 함께한 자들이 그분을 뒤따랐습니다. 그분을 발견하고 그분께 말합니다. "모든 자들이 당신을 찾습니다."

31 그분이 그들에게 말씀하십니다. "우리가 성과마을들을 갖고 있는 곳으로 끌고가자! 내가 거기서 전파하기 위함이다. 이것을 위해 내가 나왔기 때문이다."

32 그분은 온 갈릴리, 그들의 회당들에서 전파하시며 귀신들을 내보내고 계셨습니다.

33 한 문둥병자가 그분에게 와서, 그분을 권면하며 그분께 무릎 꿇고 그분께 말하기를, "만약 당신이 원하신다면, 저를 깨끗하게 할 수 있으십니다."

34 예수님께서 불쌍히여기시고 손을 내밀어 그를 만지셨으며, 그에게 말씀하십니다. "내가 원하니, 깨끗해져라!"

35 그분이 말씀하시자 곧바로 그에게서 문둥병이 갔으며, 깨끗해졌습니다.

36 그분이 그에게 엄히경계하시고, 곧바로 그를 내보내셨으며, 그에게 말씀하십니다. "아무에게 아무 것도 말하지 않도록 살펴보아라! 다만, 가라! 너자신을 제사장에게 보여줘라! 그리고 너의 정결에 대하여 그들에게 증거되도록 모세가 명한 것을 바쳐라!"

37 그러자 그가 나가서, 많은 것들을 전파하는 것과 말을 소문내는 것을 시작했으므로, 그분은 더이상 공개적으로 성으로 들어갈 수 없었습니다. 다만, 바깥 한적한 장소에 계셨으며, 사방에서 그분에게 왔습니다.

38 다시 며칠 만에 그분이 가버나움으로 들어가셨으며, 그분이 집에 계시다는 것이 들려졌습니다. 곧바로, 많은 자들이 모였으므로, 더이상 문에도 수용하지 못했습니다. 그분이 그들에게 말씀을 얘기하셨습니다.

39 4명에게서 들고가지는 한 중풍병자를 데려오려고, 사람들이 그분에게 옵니다.

40 그들은 군중 때문에 그분께 곁에가까올 수 없어서, 그분이 계

신 곳의 지붕을 뜯어내었으며, 뚫고, 중풍병자가 그 위에 기대어누워있는 요를 잡아내립니다.

41 예수님께서 그들의 믿음을 보시고 중풍병자에게 말씀하십니다. "자녀야! 네 죄들이 네게서 사해졌다."

42 어떤 서기관들이 거기 앉아서 그들의 마음에 의논하고 있었습니다. "이분이 왜! 이같이 모독을 얘기하는가? 한 분 하나님 외에, 누가 죄들을 사할 수 있는가?"

43 곧바로 예수님께서 그들이 이같이 속으로 의논하는 것을 자신의 영에 아시고 그들에게 말씀하셨습니다. "왜! 너희 마음에 이것을 의논하느냐? 중풍병자에게 '죄들이 네게서 사해졌다.'라고 말하는 것과 또는 '일어나라! 네 요를 들어라! 그리고 걸어라!'라고 말하는 것 중 무엇이 더쉽겠느냐?

44 사람의 아들이 땅에서 죄들을 사하는 권세를 갖고있다는 것을 너희가 알기 위함이다." 그리고 중풍병자에게 말씀하십니다. "네게 말하는데, 일어나라! 네 요를 들어라! 그리고 네 집으로 가라!"

45 그가 곧바로 일으켜졌으며, 요를 들고 모든 자들 앞에서 나갔으므로, 모든 자들이 놀라며 하나님께 영광돌리며, 말하기를,

"우리는 이같은 것을 전혀 본 적이 없다."

전무후무한 성경 ● 3장

• 전무후무한 성경 •

NEW

MARK

• 세계 최초 1:1 대응 번역 •

4장

46절~126절 [개역개정, KJV 2:13~5:20]

바람과 바다, 군대귀신

4장

NEW
마가복음

46 그분이 다시 바닷가로 나가셨으며, 모든 군중이 그분에게 왔고, 그분이 그들을 가르치셨습니다.

47 그리고 지나가시다가 알패오의 아들 레위가 세관에 앉아 있는 것을 보셨으며, 그에게 말씀하십니다. "나를 따라라!"

48 그가 일어서 그분을 따랐습니다.

49 그분이 그의 집에서 기대어누우시게 되셨으며, 많은 세금징수원들과 죄인들이 예수님 및 그분의 제자들과 함께앉았습니다. 많은 자들이 있었고, 그분을 따랐기 때문입니다.

50 서기관들과 바리새인들은 세금징수원들 및 죄인들과 함께 식사하시는 그분을 보고 그분의 제자들에게 말했습니다. "왜! 그분은 세금징수원들 및 죄인들과 함께 식사하고 마시는 것

입니까?" 예수님께서 들으시고 그들에게 말씀하십니다. "강한 자들은 의사의 필요를 갖고있지 않으며, 다만 나쁘게 갖고있는 자들은 필요를 갖고있다.

51   나는 의인들을 부르러 오지 않았고, 다만 죄인들을 회개시키러 왔다."

52   요한의 제자들과 바리새인들의 제자들은 금식하고 있었습니다. 그들이 와서 그분께 말합니다. "무엇때문에 요한의 제자들과 바리새인들의 제자들은 금식하지만, 당신의 제자들은 금식하지 않습니까?"

53   예수님께서 그들에게 말씀하셨습니다. "신랑이 그들과 함께 있는데, 신랑집 아들들이 금식할 수 없지 않느냐? 그들이 자신들과 함께 신랑을 갖고있는 동안, 금식할 수 없다. 신랑이 그들에게서 빼앗길, 기간이 올 것이며, 그때 그 기간에는 그들이 금식할 것이다.

54   아무도 말끔한 천 조각을 낡은 겉옷에 꿰매지 않는다. 그렇지않으면, 그것을 기운 것 곧 새것이 낡은 것을 들고가며, 해어짐이 더심하게 된다.

55   아무도 새로운 포도주를 낡은 부대들에 넣지 않는다. 그렇

지않으면, 새로운 포도주가 부대들을 터뜨리며, 포도주가 쏟아지고, 부대들도 멸망할 것이다. 다만 새로운 포도주를 새 부대들에 붓는다."

56 그분이 안식의 날에 밀밭을 통하여 지나가시게 되셨으며, 그분의 제자들이 길을 만들며 이삭들을 자르기 시작했습니다.

57 바리새인들이 그분께 말했습니다. "오호! 왜 그들은 안식의 날에 옳지 않은 것을 행합니까?" 그분이 그들에게 말씀하셨습니다. "다윗이 필요를 가졌고 배고팠을 때, 그 및 그와 함께한 자들이, 무엇을 행했는지를 읽어본 적이 없느냐? 대제사장 아비아달 당시, 어떻게 그가 하나님의 집으로 들어가서, 제사장들 외에는 먹는 것이 옳지 않은, 하나님앞의 빵들을 먹고, 자기와 함께 있는 자들에게도 주었겠느냐?"

58 그분이 그들에게 말씀하셨습니다. "안식일이 사람 때문에 되었으며, 사람이 안식일 때문에 된 것은 아니다.

59 그럼으로써 사람의 아들은 안식일에도 주인이다."

60 그분이 다시 회당으로 들어가셨으며, 거기 마른 손을 갖고있는 사람이 있었고, 그분이 안식의 날에 그를 고치실지를 그들이 그분을 살펴지켰는데, 그분을 고소하기 위함입니다.

61 그분이 마른 손을 가진 사람에게 말씀하십니다. "한가운데로 일어나라!"

62 그리고 그들에게 말씀하십니다. "안식의 날에 선행하는 것이 옳으냐? 아니면 악행하는 것이 옳으냐? 영혼을 구원하는 것이 옳으냐? 아니면 죽이는 것이 옳으냐?" 그러자 그들은 잠잠하였습니다.

63 그분은 진노로 그들을 둘러보시고, 그들 마음의 완악함에 함께 근심하시고, 그 사람에게 말씀하십니다. "네 손을 내밀어라!"

64 그가 내밀었으며, 그의 손이 다른 손과 같이 온전하게 회복되었습니다.

65 바리새인들은 곧바로 헤롯인들과 함께 나가서, 그분을 어떻게 멸망시킬까, 그분을 거스려 결의를 하였습니다.

66 예수님께서 자기 제자들과 함께 바다로 물러가셨습니다. 많은 무리가 갈릴리에서와, 유대에서와, 예루살렘에서와, 이두매 및 요단 건너에서 그분을 따랐습니다. 두로 및 시돈 주변에서 많은 무리가 그분이 행하신 일들을 듣고 그분에게 왔습니다.

67 그분은 군중 때문에 작은배가 자기에게 대기할 것을 자기 제자들에게 말씀하셨는데, 군중이 자기를 환난주지 않게 하기 위함이었습니다. 그분이 많은 자들을 고치셨으므로, 채찍통증을 갖고있는 자들이 그분을 만지려고, 그분에게 임하기 때문입니다.

68 더러운 영들도 그분을 지켜볼 땐, 그분에게 앞에엎드려, 말하기를 "당신은 하나님의 아들이십니다."라고 소리질렀습니다.

69 그분은 자기를 공개하지 말라고 그들을 많이 꾸짖으셨습니다.

70 그리고 산으로 올라가시고, 자신이 원하는 자들을 부르십니다. 그들이 그분에게 왔습니다.

71 그분은 열둘을 만드셨는데, 자신과 함께 있게 하시기 위함이며, 또한 그들을 보내어, 전파하며 권세를 갖고있으며 질병들을 고치며 귀신들을 내보내기 위함입니다.

72 그분은 시몬에게 베드로란 이름을 얹으셨습니다. 세베대의 아들 야고보와 야고보의 형제 요한, 그들에게는 천둥의 아들 곧 보아너게란 이름을 얹으셨습니다. 안드레, 빌립, 바돌로매, 마태, 도마, 알패오의 아들 야고보, 다대오, 가나안인 시몬 및 그분을 넘겨준 유다 가룟입니다.

73 그들은 집으로 갑니다. 다시 군중이 함께하였으므로, 그들은 빵을 먹는 것 조차 할 수 없었습니다.

74 그분의 곁에 분들이 듣고, 그분을 붙잡으러 나왔습니다. "그분은 놀란 것이다."라고 사람들이 말했기 때문입니다.

75 예루살렘에서 내려온 서기관들이 말했습니다. "그분은 바알세불을 갖고있다. 귀신들의 통치자 안에서 귀신들을 내보낸다."

76 그들이 "그분이 더러운 영을 갖고있다."라고 말했기에, 그분이 그들을 불러서 비유들로 그들에게 말씀하셨습니다. "어떻게 사탄이 사탄을 내보낼 수 있겠느냐?

77 만약 왕국이 스스로 나뉘어진다면, 그 왕국은 설 수 없다. 만약 집이 스스로 나뉘어진다면, 그 집은 설 수 없다. 사탄이 스스로 일어서 나뉘어진다면, 그는 설 수 없고 다만 끝을 가진다.

78 만약 첫번째로 강한 자를 묶지 않는다면, 아무도 그의 집으로 들어가서 강한 자의 그릇들을 늑탈할 수 없으며, 그때 그의 집을 늑탈할 것이다.

79 진실로 너희에게 말하는데, 사람들의 아들들에게의 모든 범죄들과 무엇으로 모독하든지 모독들은 사해질 것이다. 그러나 거룩한 영을 모독하는 자마다, 영원히 사함을 갖지 못하고 다만 영원한 심판에 처벌된다."

80 그분의 형제들과 어머니가 와서, 밖에 서서, 그분을 소리내어 부르라고 그분에게 사람보내었습니다.

81 군중이 그분 주변에 앉아있습니다. 그리고 그분께 말했습니다. "오! 당신의 어머니와 당신의 형제들이 밖에서 당신을 찾습니다."

82 그분이 그들에게, "누가 나의 어머니냐? 또는 누가 나의 형제들이냐?"라는 말로 대답하셨습니다. 그리고 그분의 주변에 앉아있는 자들을 두루 둘러보시며, 말씀하십니다. "오호! 내 어머니이며 내 형제들이다. 하나님의 뜻을 행하는 자마다, 내 형제이며 내 자매이며 어머니기 때문이다."

83 그분이 다시 바닷가에서 가르치시기 시작하셨습니다. 많은 군중이 그분에게 모였으므로, 그분은 배로 오르셔서 바다에 앉으시고, 모든 군중은 바다를 향하여 땅에 있었습니다.

84 그분이 많은 비유들로 그들을 가르치셨으며, 그분의 가르침

중에 그들에게 말씀하셨습니다. "들어라! 오! 씨뿌리는 자가 씨뿌리러 나갔다. 씨뿌리게 되었는데, 하나는 길가에 떨어졌으며, 하늘의 새들이 와서 그것을 먹어버렸다.

85 다른 하나는 많은 땅을 갖고있지 않은 돌밭에 떨어졌다. 땅의 깊이를 갖고있지 않기 때문에, 곧바로 싹났다. 태양이 솟아오르자, 그것이 태워졌는데, 뿌리를 갖고있지 않기 때문에 말랐다.

86 다른 하나는 가시나무들로 떨어졌다. 가시나무들이 올라갔으며 그것을 막았으며, 그러자 그것이 열매를 주지 못했다.

87 다른 하나는 좋은 땅으로 떨어졌다. 올라가며 자라며 열매를 주었는데, 하나는 30, 하나는 60, 하나는 100을 가져왔다."

88 그분이 그들에게 말씀하셨습니다. "들을 귀들을 갖고있는 자는 들어라!"

89 그분이 혼자 되셨을 때, 12명과 함께 그분 주변에 있는 자들이 비유를 그분께 요구하여물었습니다.

90 그분이 그들에게 말씀하셨습니다. "너희에게는 하나님의 왕

국의 비밀이 알도록 주어졌다. 밖에 있는 그들에게는 모든 것들이 비유로 되는데, 그들이 보기는 보아도 보지 못하며 듣기는 들어도 깨닫지 못하며, 돌아오지 못하게하며 그들에게서 범죄들이 사함받지 못하기 위함이다."

91 **그분이 그들에게 말씀하십니다.** "너희들은 이 비유를 알지 못하느냐? 어떻게 너희가 모든 비유들을 알겠느냐? 씨뿌리는 자는 말씀을 씨뿌린다.

92 이들은 길가에 말씀이 씨뿌려진 자들이며, 들었을 때 곧바로 사탄이 와서 그들의 마음에 씨뿌려진 말씀을 들고간다.

93 이들은 돌밭에 씨뿌려진 자들과 비슷하여, 말씀을 들을 때 곧바로 기쁨으로 그것을 받으나, 속으로 뿌리를 갖고있지 않아, 다만 잠깐만 있는다. 후에 말씀 때문에 환난이나 핍박이 일어나, 곧바로 실족된다.

94 이들은 가시나무에 씨뿌려지는 자들이며, 이들은 말씀을 듣는 자들이지만, 이 세상의 염려들과 부유함의 유혹과 나머지에 대한 사모함들이 들어와, 말씀을 막으며 열매없게 된다.

95 이들은 좋은 땅에 씨뿌려진 자들이며, 말씀을 듣고 확실히영접하여, 하나는 30, 하나는 60, 하나는 100을 열매맺는다."

96 　그분이 그들에게 말씀하셨습니다. "등잔이 항아리 아래나 또는 침대 아래에 두어지려고 오는 것이 아니지 않느냐? 등잔대에 얹어지려함이 아니냐? 혹시라도 공개되지 않을 은밀한 것은 없으며, 숨긴 것도 없었고, 다만 공개적인 것으로 오기 위함이기 때문이다.

97 　어떤 자가 들을 귀들을 갖고있다면, 들어라!"

98 　그분이 그들에게 말씀하셨습니다. "너희가 무엇을 듣는지를 보아라!

99 　너희가 측정하는 분량으로, 너희에게 측정될 것이며, 듣는 것들이 너희에게 더하여질 것이다.

100 　갖고있는 자마다, 그에게 주어질 것이다. 갖고있지 않는 자는 갖고있는 것도 자기로부터 들고가질 것이다."

101 　그분이 말씀하셨습니다. "이같이 하나님의 왕국은, 사람이 땅에 파종씨를 던지고, 밤낮 자고 일으켜진다면, 그가 알지 못하는 중에 파종씨가 싹나고 길어지는 것과 같다.

102 　땅이 저절로 열매맺기 때문인데, 첫번째는 풀이며, 후에는 이삭이며, 후에는 이삭 안에 가득찬 밀이다.

103 그러나 그것이 열매를 넘겨줄 땐, 추수가 곁에섰기에, 곧바로 낫을 보낸다."

104 그분이 말씀하셨습니다. "우리가 하나님의 왕국을 무엇과 비슷하게여기겠는가? 또는 그것을 무슨 비유로 우리가 비교하겠는가? 겨자 한 알과 같이, 이것은, 땅에 씨뿌려질 때, 땅에 모든 씨들보다 더작은 것이다. 씨뿌려졌을 땐, 올라가서 모든 채소들보다 더크게 되며, 큰 가지들을 만들므로, 그 그늘 아래 하늘의 새들이 깃들 수 있는 것이다."

105 그만한 많은 비유들로, 그들이 들을 수 있는 그대로, 그들에게 말씀을 얘기하셨지만, 비유 외에는, 그들에게 얘기하지 않으셨습니다. 그러나 그분은 자기 제자들에게 따로 모든 것을 풀어주셨습니다.

106 그 날, 저물게 되자, 그분이 그들에게 말씀하십니다. "건너편으로 거쳐가자."

107 그들은 군중을 버려두고, 배에 계신 채로 그분을 모셔갔습니다. 다른 작은배들도 그분과 함께 있었습니다.

108 큰 바람의 폭풍이 일어나며, 물결이 배에 붙었으므로, 그것이 이미 채워진 것입니다.

109 그분은 선미갑판에 베개를 대고 주무시고 계셨습니다. 그러
자 그들이 그분을 깨우며, 그분께 말합니다. "선생님! 우리
가 멸망하는 것이 당신에게 고려되지 않습니까?" 그분이 깨
어나셔서, 바람을 꾸짖으셨으며, 바다에게 말씀하셨습니다.
"잠잠해라! 잠잠케되어라!"

110 바람이 멎었으며, 큰 고요함이 되었습니다.

111 그분이 그들에게 말씀하셨습니다. "왜 너희는 이같이 무서워
하느냐? 어떻게 너희는 믿음을 갖고있지 않느냐?" 그들은
큰 두려움으로 두려워하였으며, "바람과 바다도 그분께 순종
하니, 그렇다면 이분이 누구신가?"라고 서로 말했습니다. 그
들은 바다 건너편으로, 거라사인들의 지방으로 왔습니다.

112 그분이 배에서 나오시자 곧바로 더러운 영 안에 있는 사람이
무덤들에서 나와 그분을 만났는데, 그는 무덤들 안에 거처를
갖고있었습니다.

113 쇠사슬들로도 아무도 그를 묶을 수 없었는데, 그가 자주 쇠
고랑들과 쇠사슬들에 묶였으나, 그에게서 쇠사슬들이 끊어
지고, 쇠고랑들이 부러졌으며, 아무도 그를 제어할정도로 강
하지 않았기 때문입니다. 밤낮 늘 산에서와 굴무덤들 안에서,
소리지르며 자신을 돌들로 내려찍고 있었습니다.

114 그러자 그가 예수님을 멀리서 보고, 달려왔으며 그분께 예배하였으며, 큰 음성으로 소리질러 말했습니다. "예수님! 가장 높으신 하나님의 아들이여! 저와 당신이 무슨 상관입니까? 제가 하나님으로 당신께 맹세로말하는데, 저를 괴롭히지 마십시오."

115 그분이 그에게 "더러운 영아! 사람에서 나와라!"라고 말씀하셨기 때문입니다.

116 그분이 그에게 물으셨습니다. "네 이름이 무엇이냐?" 그가 말하기를, "군대가 제 이름인데, 우리는 많은 자들입니다."라고 대답했습니다.

117 그가 그분께 많이 권면하였는데, 그분이 자기들을 그 지방 밖으로 보내지 말라는 것입니다.

118 거기 산 앞에 큰 돼지 떼가 먹고 있었습니다. 모든 귀신들이 말하기를, "우리가 돼지들에게로 들어가도록, 우리를 그들에게 보내주십시오!"라고 그분께 권면하였습니다.

119 예수님께서 곧바로 그들에게 허락하셨으며, 더러운 영들이 나와서 돼지들에게로 들어갔습니다. 그러자 그 떼가 비탈을 따라 바다로 달려들었습니다. 약 2,000마리였습니다. 그들

은 바다에서 익사되었습니다.

120 그러자 돼지들을 먹이던 자들이 도망하였으며, 성으로 촌으로 보고하였습니다.

121 사람들은 일어난 일이 무엇인가를 보려고 나왔습니다. 그리고 예수님에게 와서는, 귀신들린 자 곧 군대를 갖고있던 자가, 앉고 겉옷입혀지고 정신차린 것을 지켜봅니다. 그들은 두려워하였습니다.

122 본 자들은, 귀신들린 자가 어떻게 되었는가와 돼지들에 대하여, 그들에게 각인시켰습니다.

123 그들이 그들의 지역에서 그분에게 가시기를 권면하기 시작했습니다.

124 그분이 배로 오르시자, 귀신들렸던 자가 그분과 함께 있게 해달라고 그분께 권면하였습니다.

125 그러나 예수님께서 그를 허용하지 않으셨으며, 다만 그에게 말씀하십니다. "네 집 너희들에게 가라! 그리고 주님이 네게 행하셨고 너를 긍휼히여긴 일들을 그들에게 보고해라!"

126 그가 갔으며 예수님께서 자기에게 행하신 일들을 데가볼리에서 전파하기 시작하였습니다. 모든 자들이 기이히여겼습니다.

5장

127절~153절 [개역개정, KJV 5:21~6:6]

피유출증, 소녀의 죽음

5장

NEW
마가복음

127 예수님께서 다시 배로 건너편으로 건너가시자, 많은 군중이 그분에게 모였으며, 그분은 바닷가에 계셨습니다.

128 오! 회당장들 중 이름이 야이로인 한 명이 오는데, 그분을 보고 그분의 발에 엎드립니다. 그분께 말하기를, "제 어린딸이 마지막으로 갖고있습니다. 구원받아 살도록, 오셔서 그에게 양손을 얹어 주셨으면 합니다."라고 많이 권면하였습니다.

129 그분이 그와 함께 가셨으며, 많은 군중이 그분을 따랐고, 사람들이 그분에게 함께환난주었습니다.

130 12년 피의 유출 안에 있는 어떤 여자가 많은 의사들에게서 많이 고난받고, 자신에게의 모든 것들을 낭비하였지만 어떤 것도 유익하지 않고 다만 더욱 더심해져가는데, 예수님에 대하여 듣고, 군중 중에 뒤로 와서, 그분의 겉옷을 만졌습니다.

131 그녀는 "내가 그분의 겉옷들을 만지기만해도, 구원받을 것이
다."라고 말했기 때문입니다.

132 곧바로 그녀의 피의 샘이 말랐으며, 채찍통증에서 나아진 것
을 그녀가 몸에 알았습니다.

133 곧바로 예수님께서는 자기에게서 능력이 나간 것을 속으로
아시고, 군중 중에 돌아와지셔서 말씀하셨습니다. "누가 내
겉옷들을 만졌느냐?"

134 그분의 제자들이 그분께 말했습니다. "군중이 당신에게 함께
환난주는 것을 보시며, '누가 나를 만졌느냐?'라고 말씀하십
니다."

135 그분은 이 일을 행한 자를 보려고 둘러보셨습니다.

136 그러자 여자는 자기에게 된 일을 알고 두려워하고 떨면서,
왔으며 그분께 앞에엎드렸으며, 그분께 모든 진리를 말했습
니다.

137 그러자 그분이 그녀에게 말씀하셨습니다. "딸아! 네 믿음이
너를 구원하였다. 평안히 가라! 그리고 네 채찍통증에서 온
전하게 되어라!"

138 아직 그분이 얘기하시는데, 회당장으로부터 사람들이 오는데 말하기를, "당신의 딸이 죽었습니다. 왜 아직도 선생님을 고생시키십니까?" 그러자 예수님께서 곧바로 그가 얘기하는 말을 들으시고, 회당장에게 말씀하십니다. "두려워하지 말아라! 믿기만 해라!"

139 그분은 베드로와 야고보 그리고 야고보의 형제 요한 외에는, 아무도 자기를 함께따라오는 것을 허용하지 않으셨습니다.

140 그리고 회당장의 집으로 가시며, 소동과, 많이 울며 징징대는 것을 지켜보십니다.

141 그리고 들어가셔서 그들에게 말씀하십니다. "왜 웅성거리며 우느냐? 아이는 죽지 않았으며, 다만 잔다."

142 그들은 그분을 비웃었습니다.

143 그분은 일체모두를 내보내시고, 아이의 아버지와 어머니 그리고 자기와 함께하는 자들을 데리고, 아이가 앉아식사하던 곳에 들어가십니다.

144 그리고 아이의 손을 붙잡고 그녀에게 말씀하십니다. "달리다! 굼!" ('소녀야! 네게 말하는데, 일어나라!'라고 번역됩니다.)

145 곧바로 소녀가 일어섰으며 걸었는데, 12살이었기 때문입니다.

146 그들은 큰 경이로움으로 놀랐습니다.

147 그분은 아무도 이 일을 알지 못하도록 그들에게 많이 경계하셨습니다. 그리고 그녀에게 먹는 것을 주라고 말씀하셨습니다.

148 그분이 거기를 나오셨으며, 그분의 고향으로 오셨습니다. 그분의 제자들이 그분을 따릅니다. 그리고 안식일이 되어, 회당에서 가르치시기 시작하셨습니다.

149 많은 자들이 듣고 말하기를, "이분에게 이것들이 어디서났는가? 그분에게 주어진 지혜와 그분의 양손을 통하여 이루어지는 이런 능력들은 무엇인가? 이분은 목수이며, 마리아의 아들이며, 야고보와 요셉과 유다와 시몬의 형제가 아닌가? 그분의 누이들이 여기 우리에게 있지 않는가?"라고 놀라워했습니다.

150 그들은 그분에게 실족되었습니다.

151 그러자 예수님께서 그들에게 말씀하셨습니다. "선지자는, 자기 고향에서와 친족들에게서와 자기 집에서 외에는, 존경없

지 않다."

152   그분은 적은 병든 자들에게 양손을 얹어 고치시는 것 외에는,
거기서 아무 능력도 행하실 수 없으셨습니다.

153   그분은 그들의 믿음없음 때문에 기이히여기셨습니다. 그리고
가르치시면서 마을들을 두루 다니셨습니다.

6장

154절~260절 [개역개정, KJV 6:7~8:26]

이방인의 귀신들림, 귀먹은 자, 눈먼 자

6장

NEW
마가복음

154 그분은 12명을 부르시고, 그들을 둘 둘 보내기 시작하셨으
며, 그들에게 더러운 영들에의 권세를 주셨습니다.

155 그리고 길을 위하여, 오직 지팡이 외에는 아무 것도 들고가지
말며, 가방도 빵도 띠에 동도 안되었고, 다만 샌들은 신겨지
며, 두 벌 속옷은 입지 말라고 명령하셨습니다.

156 그리고 그들에게 말씀하셨습니다. "어느 집으로 들어가든지,
거기서 나가기까지 거기 머물러라!

157 누구든지 너희를 영접하지 않거나 너희를 듣지 않는 자들에
게는, 거기서 나가면서 그들에게 증거되도록 너희 발 아래
쪽에 흙을 떨어버려라!

158 진실로 너희에게 말하는데, 심판의 날에, 그 성보다 소돔들

이나 고모라들이 더 참을만할 것이다."

159   그들은 나가서 회개하라고 전파했습니다.

160   그리고 많은 귀신들을 내보내었으며, 기름으로 많은 병든 자
       들을 기름발랐으며 고쳤습니다.

161   그분의 이름이 공개적으로 되었기에, 왕 헤롯이 듣고 말했습
       니다. "세례하는 자, 요한이 죽은 자들에서 일으켜졌으며, 이
       러므로 그 안에서 능력들이 역사한다."

162   다른 자들은 말했습니다. "그분은 엘리야이시다." 다른 자들
       은 말했습니다. "그분은 선지자이거나, 선지자들 중 한 명과
       같다."

163   그러자 헤롯이 듣고 말했습니다. "내가 목벤 자가 요한인데,
       이 자가 그다. 그가 죽은 자들에서 일으켜졌다."

164   헤롯, 그가 그의 형제 빌립의 여자 헤로디아에게 결혼하였기
       때문에, 사람보내어 요한을 붙잡았으며, 그를 감옥 안에 묶었
       기 때문입니다.

165   요한이 헤롯에게 "당신의 형제의 여자를 갖는 것이 당신에게

옳지 않습니다."라고 말했기 때문입니다.

166 헤로디아가 그에게 달라붙어 그를 죽이기를 원했습니다. 그러나 할 수 없었습니다.

167 헤롯은 요한을 의롭고 거룩한 남자로 알고 그를 두려워하였으며 그를 보존하였기 때문입니다. 그에게 듣고 많이 행했으며, 그에게 흡족하게 들었습니다.

168 헤롯이 그의 관료들과 천부장들과 갈릴리의 첫번째인 자들에게 자기 생일에 잔치를 베푸는, 기회의 날이 되었는데, 헤로디아 그녀의 딸이 들어와, 춤추어, 헤롯 및 함께앉은 자들을 기쁘게하자, 왕이 소녀에게 말했습니다. "만약 네가 원하는 것이라면, 내게 구해라! 그러면 내가 네게 줄 것이다."

169 그리고 그녀에게 맹세했습니다. "만약 네가 내게 구하는 것이라면, 내 왕국의 절반까지도, 네게 줄 것이다."

170 그녀가 나가서 자기 어머니에게 말했습니다. "내가 무엇을 구할까요?" 그러자 그녀가 말했습니다. "세례 요한의 머리다."

171 그녀가 곧바로 부지런함으로 왕에게 들어가, 말하기를, "세례 요한에게서 그의 머리를 그녀에게서 쟁반에 제게 주시기

를 원합니다."라고 구하였습니다.

172 왕은 심히근심하게 되었으나, 맹세 및 함께앉은 자들 때문에 그녀를 저버리는 것을 원치 않았습니다.

173 곧바로 왕은 경호원을 보내며 그의 머리를 가져오라고 분부하였습니다.

174 그가 가서 감옥에서 그를 목베었으며, 그의 머리를 쟁반에 가져왔으며, 그것을 소녀에게 주었습니다. 소녀는 그것을 자기 어머니에게 주었습니다.

175 그의 제자들이 듣고 왔으며, 그의 시체를 들고갔으며, 그것을 무덤 안에 두었습니다.

176 사도들이 예수님에게 모여, 모든 것들을 그분께 전했는데, 자기들이 행한 것들과 가르친 것들이었습니다.

177 그분이 그들에게 말씀하셨습니다. "너희는 너희들이 따로 한 적한 장소로 와서, 조금 쉰다."

178 오는 자들과 가는 자들이 많이 있어, 먹는 기회없기 때문입니다.

179 그들은 따로 배로 한적한 장소로 갔습니다.

180 군중들은 그들이 가는 것을 보았으며, 많은 자들이 그분을 알았으며, 모든 성에서 도보로 거기로 함께달려왔으며, 그들보다 먼저갔으며, 그분에게 함께하였습니다.

181 예수님께서 나오셔서 많은 군중을 보셨으며, 그들이 목자를 갖고있지 않은 양들과 같기에 그들에 대해 불쌍히여기셨습니다. 그리고 많은 것들을 그들에게 가르치시기 시작하셨습니다.

182 이미 시간이 많이 되자, 그분의 제자들이 그분께 나아와 말합니다. "한적한 장소이며, 이미 시간이 많이 되었습니다. 그들을 놓아보내십시오! 두루 촌들과 마을들로 가서 자신들에게 빵을 사게 하기 위함입니다. 그들이 먹을 무엇을 갖고있지 않기 때문입니다."

183 그러자 그분이 대답하여 그들에게 말씀하셨습니다. "너희가 그들에게 먹는 것을 주어라!"

184 그들이 그분께 말합니다. "가서 200데나리온의 빵을 우리가 사서, 먹는 것을 그들에게 줍니까?"

185 그러자 그분이 그들에게 말씀하십니다. "너희는 몇 개의 빵을 갖고있느냐? 가라! 그리고 보아라!"

186 그들이 알아보고 말합니다. "5개입니다. 그리고 2마리의 물고기입니다."

187 그분은 모든 자들을 푸른 풀의 모임 모임 앉도록 그들에게 분부하셨습니다.

188 그들은 100명씩, 50명씩 그룹 그룹 비스듬히앉았습니다.

189 그분은 5개의 빵과 2마리의 물고기를 받으시고, 하늘로 올려보시며 축복하셨으며 빵들을 떼어내셨으며, 그들에게 내주라고 자기 제자들에게 주셨습니다. 2마리의 물고기도 모든 자들에게 나누셨습니다.

190 모든 자들이 먹었으며 배불러졌습니다. 그들은 조각들이 가득 찬 12바구니를 들고왔으며, 물고기에서도 그러하였습니다.

191 빵을 먹은 자들은 5,000명 정도의 남자들이었습니다.

192 곧바로, 그분은 그분이 군중을 놓아보내기까지, 자기 제자들에게 배로 올라 건너편 벳새다로 앞서가라고 강권하셨습니다.

193 그리고 그들에게 작별하시고, 기도하시러 산으로 가셨습니다.

194 저물게 되자, 배는 바다 한가운데에 있었으며, 오직 그분만 땅에 계셨습니다.

195 그분은 그들이 밀려감으로 괴로워하는 것을 보셨는데, 바람이 그들을 대항하였기 때문입니다.

196 밤 4경 즈음에, 그분이 바다 위를 걸어서 그들에게 오시고, 그들을 지나가기를 원하셨습니다.

197 그러자 그들은 바다 위를 걸으시는 그분을 보고, 유령이라고 생각하였으며 부르짖었습니다.

198 모든 자들이 그분을 보았으며 요동되었기 때문입니다.

199 곧바로, 그분이 그들과 함께얘기하셨으며, 그들에게 말씀하십니다. "담대해라! 나다. 두려워하지 말아라!"

200 그분이 그들에게 배로 올라가셨으며, 바람이 멎었습니다.

201 그들은 심히 많은 것들로 속으로 놀랐으며 기이히여겼습니다. 그들이 빵에 대해 깨닫지 못했기 때문입니다. 그들의 마

음이 완악해져 있었기 때문입니다.

202 그들은 건너가 게네사렛 땅에 왔으며, 그들이 진입되었습니다.

203 그들이 배에서 나오자, 곧바로 사람들은 그분을 알고, 그 온 주변지방을 돌아다니며, "그분이 거기 계시다."라고 들은 곳으로, 나쁘게 갖고있는 자들을 요에 메고오기 시작했습니다.

204 그분이 마을이나 성이나 촌이나 들어가시는 곳마다, 그들은 병든 자들을 시장에 두었으며 그분의 겉옷의 자락이라도 만질 것을 그분께 권면하였습니다. 그분을 만지는 자마다 구원받았습니다.

205 바리새인들 및 서기관들 중 어떤 자들이 예루살렘에서 와서 그분에게 모여듭니다.

206 그분의 제자들 중 어떤 자들은 부정한 곧 씻지않은 손으로 빵을 식사하는 것을 보고 흠잡았습니다. 바리새인들과 모든 유대인들은, 장로들의 전통을 붙잡아 만약 손을 매번 씻지 않으면, 식사하지 않기 때문입니다. 시장에서 와서는, 만약 세례하지 않으면 식사하지 않습니다. 그리고 붙잡으려고 데려가는 다른 많은 것들이 있는데, 잔들과 물주전자들과 동그릇들

과 침대들의 씻음입니다.

207 그런다음, 바리새인들과 서기관들이 그분께 묻습니다. "무엇 때문에 당신의 제자들은 장로들의 전통을 따라 걷지 않고, 다만 씻지않은 손으로 빵을 식사합니까?"

208 그러자 그분이 대답하여 그들에게 말씀하셨습니다. "위선자들인 너희들에 대하여 이사야가 좋게 예언하였으니, 기록된 것같이, 이 백성이 입술로 나를 공경하지만, 그들의 마음은 내게서 멀리 떨어져있다.

209 그들이 사람들의 명들을 교훈으로 가르치니, 나를 헛되이 존중한다.

210 너희가 하나님의 계명은 버려두고, 사람들의 전통을 붙잡는데, 물주전자들과 잔들의 씻음 및 이런 유사한 다른 많은 것들을 너희가 행한다."

211 그분이 그들에게 말씀하셨습니다. "너희는 너희의 전통을 지키려고 하나님의 계명을 좋게 저버린다.

212 모세는 '네 아버지와 네 어머니를 공경해라!' 그리고, '아버지나 어머니를 악담하는 자는 죽음으로 사망해라!'라고 말

했기 때문이다.

213 그러나 너희는 '만약 사람이 아버지나 어머니에게, "예물 곧 만약 당신이 나로부터 유익얻을 예물"이라고 말한다면, 더 이상 그의 아버지나 그의 어머니에게 어떤 것도 행하도록 그에게 허용하지 않는다.'라고 말한다.

214 너희는 너희가 넘겨주는 너희의 전통으로 하나님의 말씀을 폐하며, 이런 유사한 많은 것들을 행한다."

215 그분은 모든 군중을 불러 그들에게 말씀하셨습니다. "모든 자들은 내게 들어라! 그리고 깨달아라!

216 사람 곁에서 자신에게 들어가는 어떤 것도 자신을 더럽히게 할 수 있는 것이 없다. 다만 사람에게서 나오는 것들이 자신을 더럽히는 것들이다.

217 어떤 자가 들을 귀들을 갖고있다면, 들어라!"

218 그분이 군중에게서 집으로 들어가셨을 때, 그분의 제자들이 그 비유에 대하여 그분께 물었습니다.

219 그분이 그들에게 말씀하십니다. "너희도 이같이 못깨닫느

냐? 곁에서 사람에게 들어가는 모든 것이 그를 더럽힐 수 없다는 것을 통찰하지 못하느냐? 그의 마음으로 들어가지 않고, 다만 배로 들어간다. 모든 양식은 깨끗하여 뒤로 나간다."

220 그리고 말씀하셨습니다. "사람에게서 나오는 것, 그것이 사람을 더럽힌다.

221 사람들의 마음 안에서, 나쁜 의논들이 나오는데, 간음들과 음행들과 살인들과 도둑질들과 탐욕들과 악함들과 계략과 호색과 악한 눈과 모독과 교만과 지혜없음이다. 이 모든 악한 것들이 안에서 나와서 사람을 더럽힌다."

222 그리고 거기서 일어서 두로와 시돈 지경으로 가셨습니다.

223 그리고 집으로 들어가, 아무도 알기를 원치않으셨으나, 모르게 할 수 없었습니다.

224 어린딸이 더러운 영을 갖고있는 한 여자가 그분에 대해 듣고, 와서, 그분의 발에 엎드렸기 때문입니다.

225 그 여자는 수로보니게 종족으로 헬라인이었습니다. 그녀는 그녀의 딸에게서 귀신을 내보내주시기를 그분께 요구하여물었습니다.

226 그러자 예수님께서 그녀에게 말씀하셨습니다. "첫번째로 자녀들이 배불리게 허용해라! 자녀들의 빵을 받아서 개들에게 던지는 것은 좋지 않기 때문이다."

227 그러자 그녀가 대답하였으며 그분께 말합니다. "그렇습니다. 주님! 상 아래쪽에 개들도 아이들의 부스러기들을 식사하기 때문입니다."

228 그분이 그녀에게 말씀하셨습니다. "이 말 때문에, 너는 가라! 네 딸에게서 귀신이 나갔다."

229 그녀는 자기 집으로 가서, 귀신이 나간 것과 딸이 침대 위에 던져진 것을 발견하였습니다.

230 그분은 다시 두로와 시돈 지역에서 나오셔서, 갈릴리 바다에 데가볼리 지역의 한가운데 위쪽으로 오셨습니다.

231 사람들이 그분께 귀먹고 간신히말하는 자를 데려오며, 그에게 한 손을 얹어주시기를 그분께 권면합니다.

232 그분이 군중에게서 그를 따로 받아들이시고, 그분의 손가락들을 그의 양귀에 넣으셨으며, 침뱉으시고 그의 혀를 만지셨으며, 하늘로 올려보시며 탄식하셨으며, 그에게 말씀하십니

다. "에바다!" ('너는 밝히열려져라!'입니다.)

233 곧바로, 그의 소문들이 밝히열려졌으며, 그의 혀의 결박이 풀려졌으며, 옳게 얘기했습니다.

234 그분이 그들에게 아무에게도 말하지 말라고 경계하셨습니다. 그러나 그분이 그들에게 경계하시는 만큼, 그들은 더욱 더넘치게 전파하였습니다.

235 사람들이 말하기를, "그분은 모든 것들을 좋게 행하셨다. 그분은 귀먹은 자들도 듣도록 행하시며, 말못하는 자들도 얘기하도록 행하신다."라고 너무나 놀라워했습니다.

236 그 기간에, 많고많은 군중이 있는데, 무엇을 먹을지 갖고있지 않기에, 예수님께서 자기 제자들을 불러 그들에게 말씀하십니다. "나는 군중을 불쌍히여긴다. 그들이 이미 3일을 내 앞에머물렀으나, 무엇을 먹을지 갖고있지 않다. 만약 내가 그들을 굶겨 그들의 집으로 놓아보낸다면, 그들은 길에서 낙심될 것이다. 그들 중 어떤 자들은 멀리서 왔기 때문이다."

237 그분의 제자들이 그분께 대답했습니다. "여기 빈들에서 빵들로 이들을 배부르게 할 수 있는 자가 어디 있습니까?"

238 그분이 그들에게 물으셨습니다. "너희가 몇 개의 빵을 갖고 있느냐?" 그러자 그들이 말했습니다. "7개입니다."

239 그분이 군중에게 땅에 앉으라고 명령하셨습니다. 그리고 빵 7개를 받으시고 감사하시며 떼셨으며, 그분의 제자들에게 주셨는데, 그들이 내주기 위함입니다. 그들이 군중에게 내주었습니다.

240 그들은 적은 생선들도 갖고있었습니다. 그분은 축복하시며, 그것들도 내주라고 말씀하셨습니다.

241 그러자 그들은 먹었으며 배불러졌습니다.

242 그들은 조각들로 가득한 것 7광주리를 들고왔습니다.

243 먹은 자들이 약 4,000명이었습니다. 그분이 그들을 놓아보내셨습니다.

244 곧바로 그분의 제자들과 함께 배로 오르셔서, 달마누다 지방으로 가셨습니다.

245 바리새인들이 나왔으며, 그분을 시험하여 그분에게서 하늘로부터의 표적을 찾으며 그분께 문의하기 시작하였습니다.

246   그분은 그분의 영에 위로부터 탄식하시며 말씀하십니다. "왜 이 세대가 표적을 간구하느냐? 진실로 너희에게 말하는데, 이 세대에게 표적이 주어지겠느냐?"

247   그리고 그들을 버려두시고, 다시 배로 오르시고, 건너편으로 가셨습니다.

248   그들은 빵을 받는 것을 잊어버렸으며, 배 안에는 자신들에게 빵 1개 외에 갖고있지 않았습니다.

249   그분이 그들에게 말씀하시기를, "살펴보아라! 바리새인들의 누룩과 헤롯의 누룩을 보아라!"라고 경계하셨습니다.

250   그들은 서로 말하기를, "우리가 빵을 갖고있지 않다."라고 의논하였습니다.

251   예수님께서는 아시고 그들에게 말씀하십니다. "왜 너희는 빵을 갖고있지 않기에 의논하느냐?

252   너희는 통찰하지도 못하며 깨닫지도 못하느냐? 아직 너희 마음이 완악해져 있느냐? 너희는 눈을 갖고있어도 보지 못하느냐? 귀들을 갖고있어도 듣지 못하느냐? 기억하지 못하느냐? 내가 빵 5개를 5,000명에게로 떼었을 때, 너희는 조

각들로 가득찬 몇 바구니를 들고왔느냐?" 그들이 그분께 말합니다. "열둘입니다."

253 "7개를 4,000명에게로 떼었을 때, 너희가 조각들로 성취한 것들 몇 광주리를 들고왔느냐?" 그러자 그들이 말했습니다. "일곱입니다."

254 그분이 그들에게 말씀하셨습니다. "어떻게 너희는 깨닫지 못하느냐?"

255 그분이 벳새다로 오십니다. 사람들이 그분께 눈먼 자를 데려오고, 그를 만져달라고 그분께 권면합니다.

256 그분이 눈먼 자의 손을 붙들고, 그를 마을 밖으로 데리고나가셨으며, 그의 양눈에 침뱉으시고, 그에게 양손을 얹으시고, 그가 무엇을 보는지, 그에게 물으셨습니다.

257 그가 올려보며 말했습니다. "사람들을 보는데, 제가 보기에 나무들이 걸어다니는 것같습니다."

258 후에 다시 그분이 양손을 그의 양눈에 얹으셨으며, 그를 올려보게 하셨습니다.

259   그가 회복되었으며, 일체모든 것들을 선명하게 쳐다보았습
니다.

260   그분이 "마을로 들어가지 말아라. 마을에 누구에게도 말
하지 말아라."라고 말씀하시며, 그를 그의 집으로 보내셨습
니다.

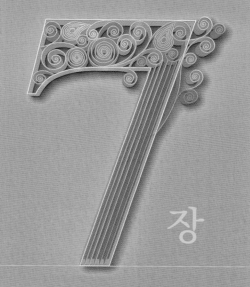

7장

261절~300절 [개역개정, KJV 8:27~9:29]

말못하며 귀먹은 영

7장

NEW
마가복음

261 예수님과 그분의 제자들은 빌립 가이사랴 마을들로 나오셨습니다. 그리고 길에서, 그분의 제자들에게 말씀하시기를, "사람들이 나를 누구라고 말하느냐?"라고 그들에게 물으셨습니다.

262 그러자 그들이 대답하였습니다. "세례 요한이라 말합니다. 다른 자들은 엘리야라고 말합니다. 다른 자들은 선지자들 중 한 명이라고 말합니다."

263 그분이 그들에게 말씀하십니다. "너희는 나를 누구라고 말하느냐?" 그러자 베드로가 대답하여 그분께 말합니다. "당신은 그리스도이십니다."

264 그분은 자기에 대하여 아무에게도 말하지 말라고 그들을 꾸짖으셨습니다.

265 그리고 사람의 아들이 많은 것들로 고난받고, 장로들과 대제사장들과 서기관에게서 버림당하고 죽임당하고 3일째에 일어서야 할 것을, 그들에게 가르치시기 시작하셨습니다. 그분은 밝히드러냄으로 이 말씀을 얘기하셨습니다.

266 베드로가 그분께 다가가서, 그분을 꾸짖기 시작했습니다.

267 그러자 그분은 돌아와지셔서 자기 제자들을 보시고, 말씀하시기를, "내 뒤로 가라! 사탄아! 네가 하나님의 것을 생각지 않고, 다만 사람들의 것을 생각한다."라고 베드로를 꾸짖으셨습니다.

268 그분은 자기 제자들과 함께 군중을 부르시고, 그들에게 말씀하셨습니다. "누구든지 나를 뒤쫓아 오기를 원하는 자는, 자신을 거부해라! 그리고 자기 십자가를 들고와라! 그리고 나를 따라라!

269 왜냐하면 자기 영혼을 구원하기를 원하는 자마다, 그것을 멸망시킬 것이다. 나와 복음을 인하여 자기 영혼을 멸망시키는 자마다, 이자는 그것을 구원할 것이다.

270 왜냐하면 만약 온 세상을 얻고 자기 영혼을 잃는다면, 무엇이 사람에게 유익할 것인가? 또는 사람이 자기 영혼의 교환

으로 무엇을 줄 것인가?

271 왜냐하면 간음하며 죄있는 이 세대에서, 나와 우리의 말들
을 부끄러워하는 자마다, 사람의 아들도 거룩한 천사들과
함께 자기 아버지의 영광 안에서 올 때, 그를 부끄러워할 것
이다.”

272 그분이 그들에게 말씀하셨습니다. “진실로 너희에게 말하는
데, 여기 서있는 자들 중 어떤 자들은 하나님의 왕국이 능력
으로 오는 것을 볼 때까지 죽음을 맛보지 않을 자들이다.”

273 6일째에, 예수님께서는 베드로와 야고보와 요한을 데려가시
며, 오직 그들만 따로 높은 산으로 올리십니다.

274 그리고 그들 앞에서 변형되셨는데, 그분의 겉옷은 광채나, 땅
에서 빨래하는 자가 희게 할 수 없는 것으로서, 눈과 같이 심
히 하얗게 되었습니다.

275 모세와 함께 엘리야가 그들에게 보여졌으며, 예수님과 대화
하고 있었습니다.

276 베드로가 대답하여 예수님께 말합니다. “랍비님! 우리가 여
기 있는 것이 좋습니다. 우리가 3개의 성막을 만들려는데, 당

신에게 하나, 모세에게 하나, 엘리야에게 하나입니다."

277 그는 무엇을 얘기하는지 알지 못했기 때문입니다. 그들은 심히두려웠기 때문입니다.

278 구름이 그들을 덮게 되었습니다. 구름에서 "이 자는 사랑하는 내 아들이다. 너희는 그에게 들어라!"라고 말하는 음성이 왔습니다.

279 문득 그들이 둘러보았는데, 더이상 아무도 보지못했으며, 다만 오직 예수님만 자신들과 함께 있었습니다.

280 그들이 산에서 내려오는데, 그분이 그들에게, 사람의 아들이 죽은 자들에서 일어설 때 외에는, 아무에게도 그들이 본 것을 각인시키지 말라고 경계하셨습니다.

281 그들은 죽은 자들에서 일어서는 것이 무엇인지를 문의하면서, 이 말씀을 자신들에게 붙잡았습니다.

282 그들이 그분께 말하기를, "서기관들은 엘리야가 첫번째로 와야 한다고 말하는 것입니까?"라고 물었습니다.

283 그러자 그분이 대답하여 그들에게 말씀하셨습니다. "정말로

엘리야가 첫번째로 와서 모든 것들을 회복한다. 그런데 어떻게 사람의 아들은 많은 것들로 고난받고 멸시당할 것이라고 그에 대해 기록되었느냐?

284 다만 너희에게 말하는데, 엘리야가 왔으나, 그에 대해 기록된 것처럼, 그들은 원하는 것들을 그에게 행하였다."

285 그리고 그분이 제자들에게 오셔서, 그들 주변에 많은 군중 및 서기관들이 그들에게 문의하는 것을 보셨습니다.

286 곧바로, 모든 군중이 그분을 보고 순간놀라워했으며 그분께 달려와 평안인사하였습니다.

287 그분이 서기관들에게 물으셨습니다. "너희가 그들에게 무엇을 문의하느냐?"

288 군중 중에 한 명이 대답하여 말했습니다. "선생님! 제가 말못하는 영을 갖고있는 제 아들을 당신에게 데려왔습니다.

289 그가 그를 잡아내는 곳마다, 그는 터뜨립니다. 그러면 그는 거품흘리며, 그의 이를 악물며, 마릅니다. 제가 당신의 제자들에게 그를 내보내달라고 말했습니다만, 그들은 강하지 않았습니다."

290 그러자 그분이 그에게 대답하여 말씀하십니다. "오오! 믿음 없는 세대여! 언제까지 내가 너희와 있을 것인가? 언제까지 내가 너희를 용납할 것인가? 그를 나에게 데려와라!"

291 그들이 그를 그분에게 데려왔습니다. 그분을 보자 곧바로 영이 그를 경련일으켰으며, 그는 땅에 엎드려 거품흘리며 뒹굴었습니다.

292 그분이 그의 아버지에게 물으셨습니다. "그에게 이것이 된 것이 얼마 동안이냐?" 그러자 그가 말했습니다. "아이적 입니다.

293 그를 멸망시키려고, 그를 자주 불로 그리고 물로 던졌습니다. 다만 당신이 무엇을 할 수 있으시면, 우리에 대해 불쌍히여기셔서, 우리를 도와주십시오!"

294 그러자 예수님께서 그에게 말씀하셨습니다. "믿을 수 있다면, 믿는 자에게는 모든 것들이 가능하다."

295 곧바로 아이의 아버지가 눈물로 소리지르며 말했습니다. "제가 믿습니다. 주님! 저의 믿음없음을 도와주십시오!"

296 예수님께서는 군중이 함께달려모이는 것을 보시고, 그에게

말씀하시기를, "말못하며 귀먹은 영아! 내가 네게 분부하는데, 그에게서 나와라! 그리고 더이상 그에게 들어가지 말아라."라고 더러운 영을 꾸짖으셨습니다.

297 소리지르더니, 그를 많이 경련일으키게 하고 나갔습니다. 많은 자들이 그가 죽었다고 말할 정도로, 그가 죽은 자처럼 되었습니다.

298 그러자 예수님께서 그의 한 손을 붙잡으시고 그를 일으키셨으며, 그가 일어섰습니다.

299 그분이 집으로 들어가시자, 그분의 제자들이 그분께 따로 물었습니다. "우리는 그를 내보낼 수 없는 것입니까?"

300 그분이 그들에게 말씀하셨습니다. "이 종족은 기도와 금식으로 외에는, 어떤 것으로도 나갈 수 없다."

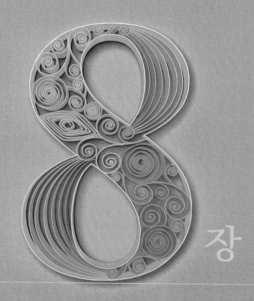

8 장

301절~364절 [개역개정, KJV 9:30~10:52]

영적인 눈먼 자 : 육적인 눈먼 자

8장

NEW
마가복음

301 그들은 거기를 나와서 갈릴리를 통하여 지나갔습니다. 그분은 어떤자도 알기를 원치않으셨습니다.

302 그분이 자기 제자들을 가르치셨으며, 그들에게 "사람의 아들이 사람들의 손으로 넘겨져, 그들이 그를 죽일 것이다. 죽고, 제 3일에 일어설 것이다."라고 말씀하셨기 때문입니다.

303 그러나 그들은 선포된말씀을 못통찰하고, 그분께 묻기를 두려워하였습니다.

304 그들은 가버나움으로 왔습니다. 그분이 집에 계시면서 그들에게 물으셨습니다. "너희가 길에서 서로 무엇을 의논하였느냐?" 그러자 그들은 잠잠하였습니다. 서로 길에서 "누가 더크냐?"라고 논쟁하였기 때문입니다.

305 　그분은 앉으셔서 열둘을 소리내어부르셨으며, 그들에게 말씀
　　하십니다. "누가 첫째이기를 원한다면, 그는 모든 자들의 마
　　지막이며 모든 자들의 섬기는 자일 것이다."

306 　그리고 아이를 받아, 그들 한가운데에 그를 세우셨습니다. 그
　　를 팔뚝에안으시고 그들에게 말씀하셨습니다. "만약 이런 아
　　이들 중 한 명을 내 이름으로 영접하는 자는, 나를 영접하는
　　것이다. 만약 나를 영접하는 자는, 나를 영접하는 것이 아니
　　요, 다만 나를 보내신 분을 영접하는 것이다."

307 　요한이 그분께 말하기를, "선생님! 우리는 우리를 따르지 않
　　는 어떤 자가 당신의 이름으로 귀신들을 내보내는 것을 보았
　　습니다. 그가 우리를 따르지 않기에, 우리가 그를 금하였습니
　　다."라고 대답하였습니다.

308 　그러자 예수님께서 말씀하셨습니다. "그를 금하지 말아라!
　　내 이름으로 능력을 행하고, 속히 나를 악담할 수 있는 자가
　　아무도 없기 때문이다.

309 　너희를 거스르지 않는 자는 너희를 위하는 자이기 때문이다.

310 　너희가 그리스도에게 속해있기에, 내 이름으로 너희에게 물
　　한 잔을 마시게하는 자마다, 진실로 너희에게 말하는데, 그

는 그의 보상을 결코 멸하지 않으리라.

311 나를 믿는 작은 자들 중 한 명을 실족케하는 자마다, 그의 목에 맷돌의 돌을 매달고 바다로 던져진다면 더욱 그에게 좋다.

312 만약 네 손이 너를 실족케하면, 그것을 잘라버려라! 불구자로 생명에 들어가는 것이 두 손을 갖고있으며 지옥불, 꺼지지 않는 불로 가는 것보다 네게 좋은데, 그곳에는 그들의 구더기가 사망하지 않으며, 불도 꺼지지 않는다.

313 만약 네 발이 너를 실족케하면, 그것을 잘라버려라! 저는 자로 생명으로 들어가는 것이 두 발을 갖고있으며 지옥불, 꺼지지 않는 불로 던져지는 것보다 네게 좋은데, 그곳에는 그들의 구더기가 사망하지 않으며, 불도 꺼지지 않는다.

314 만약 네 눈이 너를 실족케하면, 그것을 내보내라! 외눈으로 하나님의 왕국으로 들어가는 것이 두 눈을 갖고있으며 불의 지옥불로 던져지는 것보다 네게 좋은데, 그곳에는 그들의 구더기가 사망하지 않으며, 불도 꺼지지 않는다.

315 모두가 불로 짜게될 것이며, 모든 제물은 짠물로 짜게될 것이기 때문이다.

316 소금은 좋으나, 만약 소금이 짠맛없게 되면, 너희는 그것을 무엇으로 간맞출 것인가? 자신 안에 소금을 갖고있어라! 그리고 너희는 남들과 평안해라!"

317 그분이 거기서도 일어서셔서 요단 건너편을 통하여 유대 지역으로 가십니다. 군중들이 다시 그분에게 동행되었으며, 그분은 자신이 전례화하셨던 대로 다시 그들을 가르치셨습니다.

318 바리새인들이 나아와 그분을 시험하여, "남자가 여자를 놓아보내는 것이 옳습니까?"라고 그분께 물었습니다.

319 그러자 그분이 대답하여 그들에게 말씀하셨습니다. "모세가 너희에게 무엇을 명하였느냐?" 그러자 그들이 말했습니다. "모세는 이혼 책을 기록하고 놓아보내는 것을 허락하였습니다."

320 예수님께서 대답하여 그들에게 말씀하셨습니다. "너희의 완악한마음에, 그가 이 계명을 너희에게 기록하였다. 그러나 하나님께서는 피조물의 처음부터 남성과 여성으로 그들을 만드셨다.

321 이렇기에, 사람은 그의 아버지와 어머니를 떠날 것이며, 그

의 여자와 합해질 것이며, 둘이 한 육체로 될 것이다. 그럼
으로써, 더이상 둘이 아니요, 다만 한 육체이다.

322 그런즉 하나님이 짝지어주신 것을 사람이 가르지 말아라!"

323 집에서 다시 그분의 제자들이 그것에 대하여 그분께 물었습
니다.

324 그분이 그들에게 말씀하십니다. "만약 자기 여자를 놓아보내
고 다른 자와 결혼하는 자는, 그녀에게 간음하는 것이다.

325 만약 여자가 그의 남자를 놓아보내고 다른 자에게 결혼되
면, 그녀는 간음하는 것이다."

326 사람들이 그분에게 아이들을 만져달라고 바쳤습니다. 그러나
제자들은 바친 자들을 꾸짖었습니다.

327 그러자 예수님께서 보시고 분내셨으며 그들에게 말씀하셨습
니다. "아이들이 내게 오는 것을 허용해라! 그리고 그들을
금하지 말아라! 하나님의 왕국이 이런 자들의 것이기 때문
이다.

328 진실로 너희에게 말하는데, 만약 아이와 같이 하나님의 왕국

을 영접하지 않는 자는, 결코 그곳으로 들어가지 못하리라.”

329 그리고 그들을 팔뚝에 안으시고, 그들 위에 양손을 대시고, 그들을 축복하셨습니다.

330 그분이 길로 나가시는데, 한 명이 달려와서 그분께 무릎꿇고 그분께 물었습니다. “선한 선생님! 제가 영원한 생명을 상속하기 위해서 무엇을 행합니까?”

331 그러자 예수님께서 그에게 말씀하셨습니다. “왜 나를 선하다고 말하느냐? 한 분, 하나님 외에는 아무도 선하지 않다.

332 네가 계명들을 아는데, 간음하지 말아라. 살인하지 말아라. 도둑질하지 말아라. 거짓증언하지 말아라. 속이지 말아라. 네 아버지와 어머니를 공경해라!”

333 그러자 그가 대답하여 그분께 말했습니다. “선생님! 저의 소년기부터, 이 모든 것을 지켰습니다.”

334 그러자 예수님께서 그를 쳐다보시고, 그를 사랑하셨으며, 그에게 말씀하셨습니다. “네게 하나가 부족하다. 가라! 네가 갖고있는 것들을 팔아라! 그리고 가난한 자들에게 주어라! 그러면 하늘에서 보물을 가질 것이다. 그리고 와서 십자가

를 들고가면서 나를 따라라!"

335 그러자 그는 이 말씀에 대해 흐려서, 근심되며 갔습니다. 많은 재물을 갖고있었기 때문입니다.

336 예수님께서 둘러보시고 자기 제자들에게 말씀하십니다. "금전을 갖고있는 자들이 하나님의 왕국으로 얼마나 고민되게 들어갈 것인가?"

337 그러자 제자들은 그분의 말씀에 놀랍게되었습니다.

338 그러자 예수님께서 다시 대답하여 그들에게 말씀하십니다. "자녀들아! 금전을 확신하는 자들이 하나님의 왕국으로 들어가는 것이 얼마나 고민되는가?

339 낙타가 바늘의 틈새를 통해 들어가는 것이 부유한 자가 하나님의 왕국으로 들어가는 것보다 더쉽다."

340 그러자 그들은 "누가 구원받을 수 있는가?"라고 서로 말하며 엄청나게 놀라워했습니다.

341 예수님께서 그들을 쳐다보시고 말씀하십니다. "사람에게는 불가능하지만, 다만 하나님에게는 그렇지않다. 하나님에게

는 모든 것들에 능력있으시기 때문이다.”

342 베드로가 그분께 말하기 시작했습니다. “오! 우리는 모든 것들을 버려두었으며, 당신을 따랐습니다.”

343 예수님께서 대답하여 말씀하셨습니다. “진실로 너희에게 말하는데, 나와 복음을 인하여, 집이나 형제들이나 자매들이나 아버지나 어머니나 여자나 자녀들이나 밭들을 버려둔 자는, 지금 현세에, 집들과 형제들과 자매들과 어머니들과 자녀들과 밭들을 핍박들과 함께 100배를, 그리고 오는 세상에서 영원한 생명을 받지 못할 자가 아무도 없다.

344 많이, 첫째인 자들이 마지막이 될 것이며, 마지막인 자들이 첫째가 될 것이다.”

345 그들은 예루살렘으로 올라가는 길에 있었습니다. 예수님께서는 그들보다 앞서가고 계셨는데, 그들은 놀랍게되었으며, 따르는 자들은 두려워하였습니다.

346 다시 그분은 12명을 데리고, 자기에게 발생하려고 다가오는 일들을 그들에게 말씀하시기 시작했습니다. “오! 우리가 예루살렘으로 올라가는데, 사람의 아들은 대제사장들과 서기관들에게 넘겨질 것이며, 그들이 그를 죽음에 정죄할 것이

며, 그를 이방인들에게 넘겨줄 것이고, 그를 희롱할 것이며, 그에게 채찍질할 것이며, 그에게 계속침뱉을 것이며, 그를 죽일 것이다. 제 3일에, 그는 일어설 것이다."

347 세베대의 아들들인 야고보와 요한이 그분께, "선생님! 우리가 원하는 것은, 우리가 무엇을 구하든지, 당신께서 우리에게 행하여 주시는 것입니다."라고 말하며 앞에옵니다.

348 그러자 그분이 그들에게 말씀하셨습니다. "내가 너희에게 무엇을 행하기를 원하느냐?" 그러자 그들이 그분께 말했습니다. "우리에게 주십시오! 한 명은 당신의 오른편에 한 명은 당신의 왼편에, 당신의 영광가운데 앉는 것입니다."

349 그러자 예수님께서 그들에게 말씀하셨습니다. "너희들은 너희가 무엇을 구하는지를 알지 못한다.

350 너희는 내가 마시는 잔을 마시며, 내가 세례받는 세례를 세례받을 수 있겠느냐?"

351 그러자 그들이 그분께 말했습니다. "우리는 할 수 있습니다."

352 그러자 예수님께서 그들에게 말씀하셨습니다. "너희는 정말로 내가 마시는 잔을 마실 것이다. 또한 내가 세례받는 세례

를 세례받을 것이다. 그러나 내 오른편과 내 왼편에 앉는 것은, 나의 주는 것이 아니라, 다만 준비된 자들에게 주는 것이다."

353 10명이 듣고 야고보와 요한에 대하여 분내기 시작했습니다. 예수님께서 그들을 불러 그들에게 말씀하십니다. "너희가 알다시피, 이방인들을 통치하려고 생각하는 자들은 그들을 주장한다. 또한 그들의 큰자들은 그들에게 권세부린다.

354 그러나 너희 중에는 이같지 않을 것이다. 다만 만약 너희 중에 크게 되기를 원하는 자는, 너희의 섬기는 자가 될 것이다.

355 너희 중에 첫째가 되기를 원하는 자마다, 모든 자들의 종이 될 것이다.

356 사람의 아들은 섬김받으러 온 것이 아니며, 다만 섬기고 자기 영혼을 많은 자들의 대속물로 주려고 왔기 때문이다."

357 그들은 여리고로 옵니다. 그분과 그분의 제자들 및 매우많은 군중이 여리고에서 나가시는데, 디매오의 아들 눈먼 자 바디매오가 길가에 구제구하며 앉아있었습니다.

358 그는 그분이 나사렛인 예수님이시라고 듣고, 소리질러 말하

기 시작했습니다. "다윗의 아들이여! 예수님이여! 저를 긍휼히여겨주십시오!"

359 많은 자들이 잠잠하라고 그를 꾸짖었습니다. 그러나 그는 더욱 많이 소리질렀습니다. "다윗의 아들이여! 저를 긍휼히여겨주십시오!"

360 예수님께서는 서셔서 그를 소리내어부를 것을 말씀하셨습니다. 그들이 눈먼 자에게 말하기를, "담대해라! 일어나라! 그분이 너를 소리내어부르신다."라고 그를 소리내어부릅니다.

361 그러자 그가 그의 겉옷을 내어버리고, 일어서, 예수님에게 왔습니다.

362 예수님께서 대답하여 그에게 말씀하십니다. "내가 네게 무엇을 행하기를 원하느냐?" 그러자 눈먼 자가 그분께 말했습니다. "대랍비님! 올려보았으면 합니다."

363 예수님께서 그에게 말씀하셨습니다. "가라! 네 믿음이 너를 구원하였다."

364 곧바로, 그는 올려보았으며 길에서 예수님을 따랐습니다.

9장

365절~442절 [개역개정, KJV 11:1~12:44]

핍박당하는 선지자

9장

NEW
마가복음

365 그들이 예루살렘, 벳바게와 베다니, 올리브 산에 가까울 때, 그분은 자기의 제자들 중 2명을 보내시며, 그들에게 말씀하십니다. "너희 반대편 마을로 가라! 그리로 들어가면 곧바로 어떤 사람도 앉지 않은, 나귀새끼가 묶여져있는 것을 발견할 것이다. 그것을 풀고 끌고와라!

366 만약 누가 너희에게, '왜 이 일을 행합니까?'라고 말한다면, '그의 주님이 필요를 갖고있는 것입니다.'라고 말해라! 곧바로 그가 그것을 여기로 보낼 것이다."

367 그들이 갔으며, 문 바깥 앞, 사거리에 묶여진 나귀새끼를 발견하였으며, 그것을 풉니다.

368 거기 서있던 자들 중 어떤 자들이 그들에게 말했습니다. "나귀새끼를 풀어서 무엇을 하십니까?" 그러자 그들은 예수님

이 명하신 그대로 그들에게 말했습니다. 그들이 그들에게 허용하였습니다.

369 그들은 나귀새끼를 예수님에게 끌고왔습니다. 자기들의 겉옷들을 그것에게 붙였으며, 그분이 그 위에 앉으셨습니다.

370 많은 자들이 길에 자기들의 겉옷들을 펼쳤습니다. 다른 자들은 잔가지들을 나무들에서 내려쳤으며, 길에 펼쳤습니다.

371 앞서가는 자들과 따르는 자들이, 말하기를, "호산나! 주님의 이름으로 오시는 분은 축복되시도다!

372 주님의 이름으로 오는, 우리 아버지 다윗의 왕국은 축복되시도다! 가장높은 곳들에서 호산나!"

373 예수님께서 예루살렘으로 그리고 성전으로 들어가셨습니다. 그리고 모든 것들을 둘러보셨는데, 이미 시간이 저물어서, 12명과 함께 베다니로 나가셨습니다.

374 다음 날, 그들이 베다니에서 나왔는데, 그분은 배고프셨습니다. 멀리서 잎사귀들을 갖고있는 무화과나무를 보셨으며, 만약 그렇다면 그것에서 무엇을 발견하실까하여 가셨습니다. 그것에게 가셨으나, 잎사귀 외에는 아무 것도 발견하지 못하

셨습니다. 무화과들의 때가 아니었기 때문입니다.

375 예수님께서 대답하여 그것에게 말씀하셨습니다. "더이상 영원히 네게서, 아무도 열매를 먹지 못하리라."

376 그분의 제자들이 들었습니다.

377 그들이 예루살렘으로 갑니다. 예수님께서 성전으로 들어가셔서 성전에서 팔고 사는 자들을 내보내기 시작하셨습니다. 돈바꾸는 자들의 상들과 비둘기를 파는 자들의 의자들을 둘러엎으셨습니다.

378 그분은 누구도 성전을 통해 그릇을 꼭가져가는 것을 허용하지 않으셨습니다.

379 그리고 그들에게 말씀하시기를, "'내 집은 모든 이방들의 기도의 집이라고 불려질 것이다.'라고 기록되지 않았느냐? 그러나 너희는 그것을 강도들의 굴로 만들었다."라고 가르치셨습니다.

380 서기관들과 대제사장들이 들었으며, 그분을 어떻게 멸망시킬까 찾았습니다. 모든 군중이 그분의 가르침에 놀라워하였기에, 그들이 그분을 두려워하였기 때문입니다.

381 저물게 되었을 때, 그들은 성밖으로 나갔습니다.

382 새벽에, 지나가는데, 그들은 무화과나무가 뿌리부터 마른 것을 보았습니다.

383 베드로가 위로부터생각나서, 그분께 말합니다. "랍비님! 오호! 저주하신 무화과나무가 말랐습니다."

384 예수님께서 대답하여 그들에게 말씀하십니다. "하나님의 믿음을 가져라!

385 진실로 너희에게 말하는데, 이 산에게 '너는 들려져라! 그리고 바다로 던져져라!'라고 말하며, 그의 마음에 판가름되지 않고, 다만 자기가 말하는 것을 이룰 것을 믿는 자마다, 무엇을 말하든지 그에게 될 것이기 때문이다.

386 이러므로 내가 너희에게 말하는데, 무엇을 기도하며 구하든지 모두, 받았다고 믿어라! 그러면 그것이 너희에게 될 것이다.

387 너희가 굳게서서 기도할 때, 어떤 자를 거스르는 무엇을 갖고 있다면, 사해라! 하늘들에 계신 너희 아버지도 너희의 과실들을 너희에게서 사하시기 위함이다.

388 너희가 사하지 않으면, 하늘들에 계신 너희 아버지도 너희 과실들을 사하시지 않을 것이다."

389 그들이 다시 예루살렘으로 갑니다. 그분이 성전에서 걸어다니시는데, 대제사장들과 서기관들과 장로들이 그분에게 와서, 그분께 말합니다. "무슨 권세로 이 일들을 행하십니까? 이 일들을 행하는, 이 권세를 누가 당신에게 주었습니까?"

390 그러자 예수님께서 대답하여 그들에게 말씀하셨습니다. "나도 너희에게 한 말씀을 물을 것인데, 내게 대답해라! 그러면 내가 무슨 권세로 이 일들을 행하는지를 너희에게 말할 것이다.

391 요한의 세례가 하늘에서냐? 아니면 사람들에서냐? 내게 대답해라!"

392 그들은 말하기를, "만약 '하늘에서'라고 말한다면, '그런즉 무엇때문에 그를 믿지 않았느냐?'라고 말할 것이다."라고 서로 여겼으며,

393 다만 "만약 '사람들에서'라고 우리가 말한다면?" 그들은 백성을 두려워하였습니다. 일체모든 자들이 요한을 진짜 선지자라고 갖고있었기 때문입니다.

394 그들이 대답하여 예수님께 말합니다. "우리가 알지 못합니다." 예수님께서 대답하여 그들에게 말씀하십니다. "나도 무슨 권세로 이 일들을 행하는지 너희에게 말하지 않는다."

395 그분이 그들에게 비유들로 말씀하시기 시작하셨습니다. "한 사람이 포도원을 심었으며, 산울타리를 둘렀으며, 포도즙틀 자리를 팠으며, 망대를 지었으며, 그것을 농부들에게 임대하였고, 외국나갔다.

396 그는 농부들에게 포도원의 열매를 받으려고, 때에 종을 농부들에게 보냈다. 그러자 그들은 그를 받아 때렸으며, 거저 보냈다.

397 다시 그들에게 다른 종을 보냈다. 그에게도 돌로치고, 머리에상처내었고, 존경주지않고 보냈다.

398 다시 다른 자를 보냈다. 그도 죽였다. 다른 많은 자들도, 일부는 정말로 때리고, 일부는 죽였다.

399 그런즉 아직 그의 사랑하는 한 아들을 갖고있는데, '그들이 내 아들은 선대할 것이다.'라고 말하며 그도 그들에게 마지막으로 보냈다.

400 그러자 그 농부들이 서로 말했다. '이 자는 상속자다. 와라. 그를 죽이자. 그러면 상속이 우리의 것이 될 것이다.'

401 그리고 그를 받아 죽였으며, 그를 포도원밖으로 내보냈다.

402 그런즉 포도원의 주인이 어떻게 할 것인가?

403 그가 올 것이며 농부들을 멸망시킬 것이며, 포도원을 다른 자들에게 줄 것이다.

404 '짓는 자들이 버린 돌, 이것이 모퉁이의 머리가 되었다.

405 주님에게서 이것이 되었으니, 우리 눈에는 기이하다.'라는, 이 성경을 읽지 않았느냐?"

406 그들은 그분을 붙잡으려고 하였으나, 군중을 두려워하였습니다. 그들은 그분이 이 비유를 자기들에게 말씀하셨다는 것을 알았기 때문입니다. 그들은 그분을 버려두고 갔습니다.

407 그들이 그분을 말씀에서 트집잡기 위해, 그분에게 바리새인들과 헤롯인들 중 일부를 보냅니다.

408 그들이 와서 그분께 말합니다. "선생님! 당신은 참되시며, 그

것이 당신에게 아무에 대하여도 고려되지 않게한다는 것도 알고 있습니다. 당신은 사람들의 얼굴로 보지 않으시며, 다만 진리로 하나님의 길을 가르치시기 때문입니다.

409 가이사에게 머리세를 드리는 것이 옳습니까? 아니면 옳지 않습니까? 드립니까? 아니면 드리지 않습니까?"

410 그러자 그분은 그들의 위선을 아시고 그들에게 말씀하셨습니다. "너희는 왜 나를 시험하느냐? 내가 보도록, 데나리온을 내게 가져와라!"

411 그러자 그들이 가져왔습니다.

412 그러자 그분이 그들에게 말씀하십니다. "이 형상과 글이 누구의 것이냐?" 그러자 그들이 그분께 말했습니다. "가이사의 것입니다."

413 예수님께서 대답하여 그들에게 말씀하셨습니다. "가이사의 것은 가이사에게, 하나님의 것은 하나님께 갚아라!"

414 그들이 그분을 기이히여겼습니다.

415 부활이 없는 것이라고 말하는, 사두개인들이 그분에게 옵니

다. 그리고 말하기를, "선생님! 모세가 우리에게 기록하였는데, 만약 어떤 자의 형제가 죽었는데 여자는 남기고 자녀를 허용하지 않았다면, 그의 형제가 그의 여자를 받고, 그의 형제에게 자손을 일어서게하는 것입니다.

416 7형제가 있었습니다. 첫째가 여자를 받았으나, 죽고 자손을 허용하지 않았습니다. 둘째가 그녀를 받았으나, 죽었으며, 그도 자손을 허용하지 않았습니다. 셋째도 그와같았습니다. 7명이 그녀를 받았으나, 자손을 허용하지 않았습니다.

417 모든 것의 마지막에, 여자도 죽었습니다.

418 그런즉 부활 시, 그들이 일어설 때, 그녀는 그들 중 누구의 여자가 될 것입니까? 7명이 그녀를 여자로 가졌기 때문입니다."라고 그분께 물었습니다.

419 예수님께서 대답하여 그들에게 말씀하셨습니다. "이러므로 너희들은 성경들도 하나님의 능력도 알지 못하여 미혹되는 것이 아니냐?

420 죽은 자들에서 일어설 때, 결혼하지도 않으며 결혼되지도 않는데, 다만 하늘들에 있는 천사들과 같기 때문이다.

421 죽은 자들에 대하여, 그들이 일으켜진다는 것을, 모세의 성경책에서 읽지 않았느냐? 가시덤불 부분에서, 말씀하시기를, '나는 아브라함의 하나님이며, 이삭의 하나님이며, 야곱의 하나님이다.'라고 하나님께서 그에게 말씀하신 것과 같다.

422 그분은 죽은 자들의 하나님이 아니시며, 다만 살아있는 자들의 하나님이시다. 그런즉 너희가 많이 미혹된다."

423 서기관들 중 한 명이 나아와, 그들의 문의하는 것을 듣고, 그분이 그들에게 좋게 대답하시는 것을 알고, 그분께 물었습니다. "모든 계명 중 첫째가 무엇입니까?"

424 예수님께서 그에게 대답하셨습니다. "모든 계명들 중 첫째는, '들어라! 이스라엘아! 우리 하나님이신 주님은 한 분이신 주님이시다.

425 네 온 마음으로 네 온 영혼으로 네 온 뜻으로 네 온 기운으로 너의 하나님이신 주님을 사랑할 것이다.'

426 이것이 첫째 계명이다.

427 둘째는 이것과 비슷한데, '네 이웃을 자신과 같이 사랑할 것

이다.'

428 이것들보다 더 큰 다른 계명은 없다."

429 서기관이 그분께 말했습니다. "좋습니다. 선생님! 당신이 진리로 말씀하셨는데, 하나님은 한 분이시며, 그분 밖에 다른 분이 없습니다.

430 온 마음으로 온 현명함으로 온 영혼으로 온 기운으로 그분을 사랑하는 것과 이웃을 자신과 같이 사랑하는 것이, 모든 번제물들과 제물들보다 더많습니다."

431 예수님께서 그가 지각있게 대답하는 것을 보시고, 그에게 말씀하셨습니다. "네가 하나님의 왕국에서 멀지 않다."

432 더이상, 아무도 그분께 묻는데 담대하지 않았습니다.

433 예수님께서 성전에서 가르치시면서 대답하여 말씀하셨습니다. "어떻게 서기관들은 그리스도가 다윗의 아들이라고 말하느냐?

434 다윗, 그가 '주님께서 내 주님께 말씀하셨다. "내가 네 원수들을 네 양발의 발판으로 둘 때까지, 내 오른편에 앉아라!"'

라고 거룩한 영 안에서 말했다.

435 그런즉 다윗, 그가 그분을 주님이라고 말했는데, 어떻게 그
분이 그의 아들이겠느냐?”

436 많은 군중이 그분에게서 흡족하게 들었습니다.

437 그분이 그분의 가르침 중에 그들에게 말씀하셨습니다. “서기
관들을 보아라! 깨끗한옷들을 입고 걸어다니는 것과 시장
들에서 평안인사들과 회당들에서 높은자리들과 잔치들에서
상석들을 원하는 자들이다.

438 과부들의 집들을 먹어버리며, 외식으로 길게 기도하는 자들
이다. 이들은 더넘치는 판결을 받을 것이다.”

439 예수님께서 헌금함 반대편에 앉으셔서, 군중이 헌금함으로
동을 어떻게 넣는가를 지켜보셨습니다. 많은 부유한 자들은
많이 넣었습니다.

440 가난한 한 과부가 와서, 한 고드란트인, 두 렙톤을 넣었습니다.

441 그분은 자기 제자들을 부르시고 그들에게 말씀하십니다. “진
실로 너희에게 말하는데, 이 가난한 과부는 헌금함으로 넣

는 모든 자들보다 더많이 넣은 것이다.

442 모든 자들은 자기들에게 남는 것에서 넣었다. 그러나 이 자는 자신의 극빈함 중에 갖고있는 모든 것, 자신의 살림 전부를 넣었다."

NEW

마가복음

10장

443절~475절 [개역개정, KJV 13:1~13:37]

구원을 잃어버리는 대환난

10장

NEW
마가복음

443 그분이 성전에서 나오시는데, 그분의 제자들 중 한 명이 그분께 말합니다. "선생님! 오호! 돌들은 어떻습니까? 그리고 건물들은 어떻습니까?"

444 예수님께서 대답하여 그에게 말씀하셨습니다. "이 큰 건물들을 보느냐? 결코 무너뜨려지지 않을 돌이, 돌 위에 결코 버려두어지지 않으리라."

445 그분이 성전 반대편 올리브 산에 앉아계시는데, 베드로와 야고보와 요한과 안드레가 따로 그분께 물었습니다. "언제 이일이 있을지 우리에게 말씀해주십시오! 이 모든 일이 다끝마쳐지려 할 때, 표적이 무엇입니까?"

446 그러자 예수님께서 그들에게 대답하여, 말씀하시기 시작하셨습니다. "누가 너희를 미혹하지 않도록 바라보아라!

447 많은 자들이 내 이름으로, '나다.'라고 말하며, 올 것이다. 그리고 많은 자들을 미혹할 것이기 때문이다.

448 전쟁들 및 전쟁들의 소문들을 들을 때, 무서워지지 말아라! 일어나야 하기 때문이다. 다만 아직 끝은 아니다.

449 왜냐하면, 이방인에 대해 이방인이, 왕국에 대해 왕국이 일으켜질 것이며, 장소에 따라 지진들이 있을 것이며, 흉년들과 요동들이 있을 것이다.

450 이것들은 산통들의 처음들이다.

451 너희는 스스로 바라보아라!

452 사람들이 너희를 공회들로, 회당들로 넘겨줄 것이다. 너희는 맞을 것이며, 나를 인하여 총독들과 왕들에게 증거로써 그들에게 서질 것이기 때문이다. 첫번째로 모든 이방인들로 복음이 전파되어야 한다.

453 사람들이 너희를 넘겨주려고 끌고갈 때, 무엇을 얘기할까 미리염려하지 말아라! 전심전력하지도 말아라! 다만 그 시간에 너희에게 무엇이 주어지든지, 이것들을 얘기해라! 얘기하시는 분은 너희가 아니라, 다만 거룩한 영이시기 때문이다.

454 형제가 형제를 아버지가 자녀를 죽음에 넘겨줄 것이다. 자녀들이 부모들을 대적할 것이며, 그들을 죽일 것이다. 너희는 내 이름 때문에 모든 자들에게서 미움받을 것이다. 그러나 끝까지 견디는 자, 이 자는 구원받을 것이다.

455 선지자 다니엘에게서 선포된 것, 황폐함의 가증한 것이, 있지 말아야 할 곳에 서있는 것을 볼 땐, 읽는 자는 통찰해라! 그때 유대에 있는 자들은 산으로 도망해라!

456 지붕위에 있는 자는 집으로 내려가지 말아라! 자기 집에서 무엇을 들고오려고 들어가지도 말아라! 밭에 있는 자는 자기 겉옷을 들고오려고 뒤로 돌아가지 말아라!

457 그 기간에, 자궁에 갖고있는 자들과 젖먹이는 자들에게 화 있다!

458 너희의 도망이 겨울에 일어나지 않도록 기도해라!

459 그 기간은, 하나님이 창조하신 피조물의 처음부터 지금까지 이런 일이 일어나지 않았으며, 결코 일어나지 않을 환난이 있을 것이기 때문이다.

460 주님께서 기간을 감하시지 않으셨다면, 모든 육체가 구원받

는 자가 없을 것이다. 다만 택하신 선택한 자들 때문에, 기간을 감하셨다.

461 그때 만약 누가 너희에게, '오! 여기 그리스도시다.' 또는 '오! 거기다.'라고 말한다면, 믿지 말아라!

462 거짓그리스도들과 거짓선지자들이 일으켜질 것이며, 능력 있다면, 선택한 자들도 끌어미혹하려고, 표적들과 이적들을 줄 것이기 때문이다.

463 그러나 너희는 바라보아라! 오! 너희에게 모든 것을 미리말 하였다.

464 다만 그 기간에, 그 환난 후, 태양이 어두워질 것이며, 달이 그의 비췸을 주지 않을 것이며, 하늘의 별들이 떨어져나가게 될 것이며, 하늘들에 있는 능력들이 흔들릴 것이다.

465 그때 사람의 아들이 큰 능력과 영광으로 구름들 안에서 오는 것을 볼 것이다.

466 그때 그가 그의 천사들을 보낼 것이며, 그의 선택한 자들을, 땅의 맨끝부터 하늘의 맨끝까지, 4바람에서 모을 것이다.

467 너희는 무화과나무에서 비유를 배워라! 이미 그 가지가 연하게 되고, 잎사귀들을 내밀 때, 너희는 여름이 가깝다는 것을 안다.

468 이같이 너희도, 이 일들이 일어나는 것을 볼 때, 너희는 내가 문에 가깝다는 것을 안다.

469 진실로 너희에게 말하는데, 이 모든 일이 이루어지기 까지 이 세대가 결코 지나가지 않으리라.

470 하늘과 땅은 지나갈 것이다. 그러나 내 말들은 결코 지나가지 않으리라.

471 그 날과 시간에 대하여는, 아무도 알지 못하는데, 아버지 외에는 하늘에 있는 천사들도 아들도 알지 못한다.

472 너희는 바라보아라! 잠자지못하게해라! 그리고 기도해라! 때가 언제인지를 너희가 알지 못하기 때문이다.

473 자기 집을 버려두면서 자기 종들에게 권세 및 각각에게 그의 행위를 주며, 문지기에게 깨어있으라고 명한, 외국나가는 사람과 같다.

474 그런즉 깨어있어라! 집의 주인이, 저물때 또는 밤중 또는 닭 소리 또는 새벽, 언제 오는지를 알지 못하기 때문이다. 갑자기 와서 너희가 자는 것을, 그분이 발견하지 않도록 하기 위함이다.

475 내가 너희에게 하는 말은 모든 자들에게 말하는 것이다. '깨어있어라!'"

장

476절~584절 [개역개정, KJV 14:1~15:47]

속죄의 십자가

11장

NEW
마가복음

476 2일째, 유월절과 무교절이 있었습니다. 대제사장들과 서기관들은 어떻게 그분을 계략으로 붙잡아서 죽일까 찾았습니다. 그리고 말했습니다. "백성의 소동이 있지 않도록, 명절에는 아니한다."

477 그분이 베다니, 문둥병자 시몬의 집에 계시며, 그분이 기대어 누우시는데, 한 여자가 매우비싼 순수한 나드 향유 옥합을 가지고 왔습니다. 그리고 옥합을 부러뜨리고, 그분의 머리에다 발랐습니다.

478 그러자 어떤 자들이 있었는데, 서로 분내며, 말하기를, "이 향유의 멸망이 무엇하러 이루어졌는가? 이것은 300데나리온 이상에 팔려, 가난한 자들에게 주어질 수 있기 때문이다." 그리고 그들은 그녀를 엄히경계하였습니다.

479 그러자 예수님께서 말씀하셨습니다. "그녀를 허용해라! 왜 너희는 그녀에게 괴로움을 가하느냐? 그녀는 내게 좋은 행위를 일하였다.

480 너희는 항상 너희와 함께 가난한 자들을 갖고있어, 너희가 원하는 때에, 그들에게 잘 행할 수 있지만, 너희는 항상 나를 갖고있지는 않기 때문이다.

481 이 자는 갖고있는 것으로 행하였다. 그녀는 내 몸에 향유부어 장사를 미리준비하였다.

482 진실로 너희에게 말하는데, 온 세상으로 이 복음이 전파되는 곳마다, 이 자가 행한 일도 그녀를 기억하여 얘기되어질 것이다."

483 열둘 중 한 명인 가룟 유다가 그분을 대제사장들에게 넘겨주려고 그들에게 갔습니다.

484 그러자 그들이 듣고 기뻐하였으며, 그에게 은을 주기로 약속하였습니다. 그는 그분을 어떻게 기회적으로 넘겨줄지를 찾았습니다.

485 무교절 첫째 날, 유월절을 희생제사할 때, 그분의 제자들이

그분께 말합니다. "당신이 유월절을 잡수시기 위해, 우리가
어디로 가서 준비하기를 원하십니까?"

486 그분이 그분의 제자들 중 2명을 보내시며, 그들에게 말씀하십
니다. "성으로 가라! 그러면 물 동이를 짊어진 사람이 너희
를 만날 것이다. 그를 따라라! 그가 어디로 들어가든지, 집
주인에게 '선생님이 말씀하시는데, "내가 내 제자들과 함께
유월절을 먹을 여관이 어디있느냐?"'라고 말해라!

487 그가 준비되어 펼쳐진 큰 다락방을 너희에게 보여줄 것이
다. 거기서, 우리에게 준비해라!"

488 그분의 제자들이 나갔으며, 성으로 갔으며, 그분이 그들에게
말씀하신 그대로를 발견하였으며, 유월절을 준비하였습니다.

489 저물게 되어, 그분은 12명과 함께 오십니다.

490 그들이 앉아식사하며 식사하는데, 예수님께서 말씀하셨습니
다. "진실로 너희에게 말하는데, 너희 중에서 한 명 곧 나와
함께 식사하는 자가 나를 넘겨줄 것이다."

491 그들은 근심하며, 한 명 한 명마다 그분께 말하기 시작했습니
다. "제가 아닙니까?"

492 　다른 자도, "제가 아닙니까?" 그러자 그분이 대답하여 그들에게 말씀하셨습니다. "12명 중에 1명 곧 나와 함께 그릇으로 넣는 자다.

493 　정말로 사람의 아들은 자기에 대하여 기록된 그대로 간다. 그러나 그를 통해 사람의 아들이 넘겨지는 그 사람에게는 화있다! 그 사람은 낳아지지 않았다면, 그에게 좋았다."

494 　그들이 식사하는데, 예수님께서 빵을 받으시고, 축복하시며 떼셨으며, 그들에게 주셨으며, 말씀하셨습니다. "받아라! 먹어라! 이것은 내 몸이다."

495 　그리고 잔을 받으시고, 감사하시며 그들에게 주셨습니다. 모두가 그것을 마셨습니다. 그분이 그들에게 말씀하셨습니다. "이것은 나의 피 곧 새 계약의 피이며, 많은 자들에 대하여 쏟아지는 것이다.

496 　진실로 너희에게 말하는데, 내가 하나님의 왕국에서 새것으로 그것을 마시는 그 날까지, 내가 더이상 포도나무에서 난 것을 결코 마시지 않으리라."

497 　그들은 찬송하며 올리브 산으로 나갔습니다.

498 예수님께서 그들에게 말씀하십니다. "'내가 목자를 칠 것이고, 양들이 흩어질 것이다.'라고 기록되었으니, 이 밤에 모두가 내게서 실족될 것이다.

499 다만 내가 일으켜진 후, 내가 갈릴리로 너희를 앞서갈 것이다."

500 그러자 베드로가 그분께 들려주었습니다. "모두가 실족될지라도 다만 저는 안그럴 것입니다."

501 예수님께서 그에게 말씀하십니다. "진실로 네게 말하는데, 오늘 이 밤에, 닭이 2번 소리내어부르기 전에, 3번 네가 나를 거부할 것이다."

502 그러나 그가 더욱 더많이 말했습니다. "비록 제가 당신과 함께죽어야 한다 해도, 저는 결코 당신을 거부하지 않을 것입니다." 그와같이 모든 자들도 말했습니다.

503 이름이 겟세마네인 토지로 그들이 옵니다.

504 그분이 그분의 제자들에게 말씀하십니다. "내가 기도하기까지, 너희는 여기 앉아라!"

505 그분은 자신과 함께 베드로와 야고보와 요한을 데려가십니다. 그리고 순간놀라워하시며 슬퍼하시기 시작하셨습니다.

506 그리고 그들에게 말씀하십니다. "내 영혼이 심히근심하여 죽음에까지 왔다. 너희는 여기 머물러라! 그리고 너희는 깨어 있어라!"

507 그리고 조금 먼저가셔서 땅에 엎드리셨으며, 그분이 능력있으시면, 그 시간이 자기에게서 지나가기를 기도하셨습니다.

508 그리고 말씀하셨습니다. "아바! 아버지! 당신께는 모든 것에 능력있으시니, 저에게서 이 잔을 가져가옮겨주십시오! 다만 제가 무엇을 원하는 것이 아닙니다. 다만 당신이 무엇을 원하시든지 되옵소서."

509 그리고 오셔서 그들이 자는 것을 발견하시고, 베드로에게 말씀하십니다. "시몬아! 자느냐? 한 시간을 깨어있게 강하지 않았느냐? 너희는 시험에 들어가지 않도록 깨어있어라! 그리고 기도해라!

510 정말로 영은 소원하지만, 육체가 연약하다."

511 다시 가셔서, 그 말씀을 말씀하시며 기도하셨습니다.

512 돌아오셔서 그들이 자는 것을 다시 발견하셨습니다. 그들의 눈이 피곤해졌기 때문이며, 그들이 그분께 무엇을 대답할지를 알지 못했던 것입니다.

513 그분이 세번째 오셔서, 그들에게 말씀하십니다. "이후로는 자라! 그리고 쉬어라!

514 떨어져있다. 시간이 왔다. 오! 사람의 아들이 죄인들의 손으로 넘겨진다.

515 너희는 일으켜져라! 우리가 끌려가자. 오! 나를 넘겨주는 자가 가까왔다."

516 아직 그분이 얘기하시는데, 곧바로 12명 중에 있는 1명인 유다가 오는데, 그와 함께 대제사장들과 서기관들과 장로들에게서 칼과 통나무를 가진 많은 군중이 옵니다.

517 그분을 넘겨주는 자가 말하기를, "내가 좋아하는 자, 그 자가 그분입니다. 그분을 붙잡으십시오! 그리고 단단히 잡아끌고 가십시오!"라고 그들에게 신호를 주었던 것입니다.

518 그가 와서, 곧바로, 그분께 나아와 말합니다. "랍비님! 랍비님!" 그리고 그분께 입맞추었습니다. 그러자 그들은 그들의

손을 그분께 대었으며, 그분을 붙잡았습니다.

519 곁에서있던 자들 중 어떤 한 명이 칼을 빼내어 대제사장의 종을 갈겨쳤으며, 그의 귓바퀴를 없앴습니다.

520 예수님께서 대답하여 그들에게 말씀하셨습니다. "강도에게와 같이, 나를 잡으려고 칼과 통나무를 가지고 나왔느냐? 내가 날마다 성전에서 가르치면서 너희와 있었지만, 너희가 나를 붙잡지 않았다. 다만 성경들이 성취되기 위함이다."

521 모두가 그분을 버려두고 도망하였습니다.

522 어떤 한 청년은 벗은 몸에 세마포를 입고 그분을 따랐습니다. 청년들이 그를 붙잡습니다. 그러자 그는 세마포를 남기고 벗은채 그들에게서 도망하였습니다.

523 그들이 예수님을 대제사장에게 잡아끌고갔으며, 모든 대제사장들과 장로들과 서기관들이 그분에게 함께합니다.

524 베드로가 멀리서 대제사장의 뜰 안까지 그분을 따랐습니다. 그는 사역자들과 함께 함께앉아서, 빛으로 덥게하고 있었습니다.

525 대제사장들과 온 공회가 예수님을 죽이려고 그분을 거스르는 증거를 찾았습니다. 그러나 발견하지 못했습니다. 많은 자들이 그분을 거스려 거짓증언하였으나, 증거들이 똑같지 않았기 때문입니다.

526 어떤 자들이 일어서서, 말하기를, "우리는 그분이 '내가 손으로만든 이 성전을 무너뜨릴 것이며, 3일동안 손으로만들지않은 다른 성전을 지을 것이다.'라고 말하는 것을 들었습니다." 라고 그분을 거스려 거짓증언하였습니다.

527 이같이, 그들의 증거가 똑같지 않았습니다.

528 대제사장이 한가운데서 일어서서, 예수님께 말하기를, "너는 아무것도 대답하지 않느냐? 이 자들이 너에게 무엇을 심문하느냐?"라고 물었습니다. 그러나 그분은 잠잠하고, 아무 것도 대답하지 않으셨습니다.

529 다시, 대제사장이 그분께 물어, 그분께 말합니다. "네가 그리스도, 축복되시는 분의 아들이냐?"

530 그러자 예수님께서 말씀하셨습니다. "내가 그다. 너희는 사람의 아들이 능력의 오른편에 앉은 것과 하늘의 구름들과 함께 오는 것을 볼 것이다."

531 그러자 대제사장이 자기 속옷들을 찢으며 말합니다. "우리가 더이상 무슨 증인들의 필요를 가집니까? 여러분은 모독을 들었습니다. 여러분에게 무엇이 나타나집니까?" 그러자 모든 자들이 그분을 죽음에 처벌되는 것으로 정죄하였습니다.

532 어떤 자들은 그분께 계속침뱉으며, 그분의 얼굴을 가리고, 그분을 매로때리며, 그분께 "예언해라!"라고 말하기 시작했습니다. 사역자들은 그분에게 손으로침을 던졌습니다.

533 베드로는 뜰 아래에 있는데, 대제사장의 어린여종들 중 한 명이 와서, 베드로가 덥게하는 것을 보고, 그를 쳐다보고 말합니다. "당신도 나사렛의 예수와 함께 있었다."

534 그러자 그가 말하기를, "나는 네가 무엇을 말하는지 알지도 못하며 잘알지도 못한다."라고 부인하였습니다.

535 그리고 바깥, 앞뜰로 나갔습니다. 그러자 닭이 소리내어불렀습니다.

536 다시 한 어린여종이 그를 보고, 곁에서있는 자들에게 말하기 시작했습니다. "이 자는 그들 중 한 명이다."

537 그러자 그가 다시 부인하였습니다.

538 　조금 후 다시, 곁에서있던 자들이 베드로에게 말했습니다. "참으로 당신은 그들 중 한 명이다. 당신은 갈릴리인인데, 당신 얘기가 비슷하기 때문이다."

539 　그러자 그가 욕설하며 맹세하기 시작했습니다. "나는 당신들이 말하는 이 사람을 알지 못한다."

540 　두번째로, 닭이 소리내어불렀습니다.

541 　베드로는 예수님께서 자기에게 "닭이 2번 소리내어부르기 전에, 네가 나를 3번 거부할 것이다."라고 말씀하신 선포된 말씀이 위로부터생각났습니다. 그는 대고 울었습니다.

542 　곧바로, 새벽에, 대제사장들이 장로들과 서기관들과 온 공회와 함께 결의를 행하고, 예수님을 묶고 받아데려갔으며, 빌라도에게 넘겨주었습니다.

543 　빌라도가 그분께 물었습니다. "네가 유대인들의 왕이냐?" 그러자 그분이 대답하여 그에게 말씀하셨습니다. "네가 말한다."

544 　대제사장들이 많은 것들로 그분을 고소하였습니다. 그러자 빌라도가 다시 말하기를, "너는 아무 것도 대답하지 않느냐?

오호! 너를 얼마나 심문하느냐?"라고 물었습니다.

545 그러자 예수님께서 더이상 아무 것도 대답하지 않으셨으므로, 빌라도가 기이히여기는 것입니다.

546 그는 명절마다 그들이 구하는 죄수 한 명을 그들에게 놓아보냈습니다.

547 폭동과 함께 묶인 바라바라 하는 자가 있었는데, 곧 사람들이 민란에서 살인을 행했던 것입니다.

548 군중이 탄원하여, 그가 언제나 자기들에게 했던 그대로를 구하기 시작했습니다.

549 그러자 빌라도가 그들에게 말하기를, "내가 너희들에게 유대인들의 왕을 놓아보내기를 원하느냐?"라고 대답하였습니다.

550 그는 시기 때문에 대제사장들이 그분을 넘겨줬던 것을 알았기 때문입니다.

551 그러자 대제사장들은 그들에게 더욱 바라바를 놓아보내도록 군중을 선동하였습니다. 그러자 빌라도가 다시 대답하여 그들에게 말했습니다. "그런즉 너희는 너희가 유대인들의 왕이

라고 말하는 자에게 내가 어떻게 행하기를 원하느냐?”

552 그러자 그들이 다시 소리질렀습니다. “그를 십자가에못박으십시오!”

553 그러자 빌라도 그들에게 말했습니다. “그가 무슨 나쁜 일을 행하였기 때문이냐?” 그러나 그들은 더욱더 소리질렀습니다. “그를 십자가에못박으십시오!”

554 그러자 빌라도는 군중에게 매우큰것을 행하기를 뜻하여, 그들에게 바라바를 놓아보냈습니다. 그리고 예수님을 채찍질하고, 십자가에못박히도록 넘겨주었습니다.

555 그러자 군인들이 그분을 관정인, 뜰 안으로 잡아끌고갔으며, 온 중대를 불러모았습니다.

556 그리고 그분에게 자색옷을 입히며, 그분에게 가시 왕관을 엮어 두르고, “기뻐해라! 유대인들의 왕이여!”라고 그분께 평안 인사하기 시작했습니다.

557 그리고 그분의 머리를 갈대로 쳤으며, 그분께 계속침뱉었으며, 무릎을 대고 그분께 예배하였습니다.

558 그들이 그분을 희롱하였을 때, 그분에게서 자색옷을 발가벗겼으며, 그분께 자기자신의 겉옷들을 입혔습니다.

559 그리고 그분을 십자가에못박으려고 그분을 데리고나갑니다.

560 알렉산더와 루포의 아버지, 구레네인 시몬이란 어떤 자가, 촌에서 와서 지나가는데, 그들이 그분의 십자가를 들고가도록 강요합니다.

561 그들이 해골의 장소라고 번역되는 골고다란 장소에 그분을 데려갑니다.

562 그리고 그분에게 몰약섞인 포도주를 마시도록 주었으나, 그분은 받지 않으셨습니다.

563 그분을 십자가에못박고, 누가 어느 것을 들고갈까, 그분의 겉옷들에 대해 제비돌을 던져, 그것들을 나누었습니다.

564 9시였으며, 그들이 그분을 십자가에못박았습니다.

565 "유대인들의 왕"이라고 새긴 그분의 죄목의 글이 있었습니다.

566 그분과 함께, 그들이 2명의 강도를, 한 명은 그분의 오른편에

한 명은 왼편에, 십자가에못박습니다.

567 "그분이 불법자들과 함께 여겨졌다."라고 말하는 성경이 성취
되었습니다.

568 지나가는 자들이 자기들의 머리를 움직이며, 말하기를, "아
하! 성전을 무너뜨리고 3일 안에 짓는 자야! 자신을 구원해
라! 그리고 십자가에서 내려와라!"라고 그분을 모독하였습
니다.

569 비슷하게 대제사장들도 서기관들과 함께 서로 희롱하며 말했
습니다. "그분이 다른 자들은 구원하였지만, 자신은 구원할
수 없다.

570 이스라엘 왕 그리스도는, 우리가 보고 믿도록, 지금 십자가에
서 내려와라!"

571 그분과 함께십자가에못박힌 자들도 그분을 욕하였습니다.

572 12시가 되자, 어두움이 15시까지 온 땅에 있었습니다.

573 15시에, 예수님께서 말씀하시기를, "엘로이! 엘로이! 라마
사박다니?"라고 큰 음성으로 외치셨습니다. "나의 하나님! 나

의 하나님! 무엇하러 저를 버리셨습니까?"라고 번역됩니다. 곁에서있던 자들 중 어떤 자들은 듣고, "오! 엘리야를 소리내 어부른다."라고 말했습니다.

574 한 명이 달려가서, 신포도주를 해면스폰지에 채우고, 갈대에 둘러, 그분께 마시게하였으며, 말하기를, "여러분들은 버려두 십시오! 엘리야가 그분을 내려버리러 오는지 봅시다."

575 그러자 예수님께서 큰 음성을 버려두시고, 영이나가셨습니다.

576 성전 휘장이, 위부터 아래까지, 둘로 갈라졌습니다.

577 그러자 그분을 대항하여 곁에서있던 백부장은, 그분이 이같 이 소리지르시고 영이나가신 것을 보고, 말했습니다. "참으 로 이 사람은 하나님의 아들이셨다."

578 여자들도 멀리서 지켜보고 있었는데, 그들 중에는 막달라 마 리아와, 작은 야고보 및 요세의 어머니 마리아와, 살로메가 있었는데, 그들은 그분이 갈릴리에 계실 때 그분을 따랐으며 그분을 섬겼던 자들이었으며, 그리고 예루살렘으로 그분과 함께올라온 다른 많은 여자들도 있었습니다.

579 그 날은 예비일 곧 안식일전날이었기에, 이미 저물게 되자,

존경받는 공회의원이며 아리마대 출신 요셉이 왔는데, 그는
하나님의 왕국을 기다리는 자였습니다.

580 그가 담대하여 빌라도에게 들어갔으며, 예수님의 몸을 구하
였습니다.

581 그러자 빌라도는 그분이 이미 죽으셨는가 기이히여겼습니다.
백부장을 불러, 그분이 벌써 죽으셨는지 그에게 물었습니다.

582 그는 백부장에게서 알고, 요셉에게 몸을 내어주었습니다.

583 그는 세마포를 사서, 그분을 내려버려, 세마포로 둘러쌌으며,
바위에 파놓은 무덤에 그분을 안치하였습니다. 그리고 무덤
문에 돌을 굴렸습니다.

584 막달라 마리아와 요세의 마리아는 그분이 어디에 두어지는지
지켜보았습니다.

585절~604절 [개역개정, KJV 16:1~16:20]

귀신추방과 병고침의 명령

12장

NEW
마가복음

585 안식일이 지나자, 막달라 마리아와 야고보의 어머니 마리아
와 살로메가 향품을 샀는데, 가서 그분께 기름바르기 위함이
었습니다.

586 안식의 날 1일, 심히 새벽에, 태양이 솟아오르는데, 그들은
무덤에 갑니다.

587 그들은 서로 말했습니다. "누가 우리에게 무덤 문에서 돌을
굴릴 것인가?" 그리고 올려보고, 돌이 굴려진 것을 지켜봅니
다. 그것이 매우 컸기 때문입니다.

588 그들은 무덤으로 들어가서, 하얀 깨끗한옷을 입은 한 청년이
오른편에 앉은 것을 보았으며, 순간놀라워하였습니다.

589 그러자 그가 그들에게 말합니다. "순간놀라워하지 말아라!

너희는 십자가에못박히신 나사렛 예수님을 찾는다. 그분은 일으켜지셨으며, 여기 계시지 않다.

590 오호! 그들이 그분을 두었던 장소다. 다만, 가라! 그분이 갈릴리로 너희를 앞서가신다고, 그분의 제자들과 베드로에게 말해라! 그분이 너희에게 말씀하셨던 그대로, 거기서 너희가 그분을 볼 것이다.”

591 그들은 속히 나와서, 무덤에서 도망하였습니다. 그들은 떨림과 경이로움을 갖고있었습니다. 그들은 아무에게 아무 것도 말하지 못했는데, 두려웠기 때문입니다.

592 그분은 일어서셔서, 안식일 첫째 날 새벽에, 일곱 귀신을 내보내셨던 막달라 마리아에게 첫번째로 나타나셨습니다.

593 그녀는 가서, 애통하며 울고있던, 그분과 함께 있던 자들에게 전했습니다.

594 그들은, 그분이 살아계시며 그녀에게 눈여겨보여졌다고 들었지만, 안믿었습니다.

595 이 후, 걸어서 촌으로 가는, 그들 중 2명에게, 그분이 또다른 형체로 공개되셨습니다.

596 그들은 가서 남은 자들에게 전했습니다. 그들도 믿지 않았습니다.

597 그후에, 그들이 앉아식사하는데, 그분이 11명에게 공개되셨으며, 그들의 믿음없음과 완악한마음을 욕하셨는데, 일으켜지신 그분을 눈여겨본 자들을 믿지 않은 것입니다.

598 그분이 그들에게 말씀하셨습니다. "일체모든 세상으로 가서, 모든 피조물에게 복음을 전파해라!

599 믿고 세례받는 자는 구원받을 것이다. 안믿는 자는 정죄받을 것이다.

600 믿는 자들에게는 이런 표적들이 가까이따를 것이다.

601 내 이름으로 귀신들을 내보낼 것이다. 새 혀로 얘기할 것이다. 뱀들을 들고갈 것이다.

602 어떤 독을 마신다 해도, 결코 그것이 그들을 상하게하지 못할 것이다. 병든 자들에게 양손을 얹을 것이고, 그러면 그들이 좋게 가질 것이다."

603 그런즉 정말로 주님께서 그들에게 얘기하신 후, 하늘로 승천

되셨으며, 하나님의 오른편에 앉으셨습니다.

604　그들이 나가서 곳곳에서 전파하였는데, 주님께서 함께역사하셔서 따라오는 표적들을 통해 말씀을 확증해주셨습니다. 진실로! 마가에 따른 복음!

• 전무후무한 성경 •

NEW

MARK

• 세계 최초 1:1 대응 번역 •

NEW
마가복음

박경호헬라어스트롱사전

[1:1 한글 대응]

(NEW 마태복음과 NEW 누가복음과 NEW 마가복음에 사용된 단어를 수록하였습니다)

스트롱코드	뜻
5	아바
6	아벨
7	아비야
9	아빌레네
10	아비훗
11	아브라함
12	음부
15	선행하다
18	선한, 선한 (자)(것)
20	즐거움
21	즐거워하다
23	분내다
25	사랑하다
26	사랑
27	사랑한, 사랑하는
29	강요하다
30	그릇
32	천사, 전달자
34	떼
37	거룩하다, 거룩하게하다
40	거룩한 (자)(분)
43	팔뚝
44	낚시
46	말끔한
50	못통찰하다
58	시장
59	사다
61	어획
63	들에있다

64	트집잡다
66	야생
68	밭, 촌, 들
69	잠자지못하다, 잠자지못하게하다
71	끌려가(오)다, 끌고가(오)다
74	영적싸움
75	힘쓰다
79	자매, 누이
80	형제
82	분명치않은
85	슬퍼하다
86	지옥
91	불의하다
93	불의
94	불의한 (자)
101	능치못하다
102	불가능한 (것)
104	언제나
105	독수리
106	무교절
107	아소르
114	저버리다
121	부당한
123	해변
125	애굽
129	피
131	피흘리다
134	찬송하다
136	찬송

265	범죄	322	임명하다
266	죄, (복수)죄들	323	임명
268	죄인, 죄있는	326	위로살아나다 (영적으로 살아나는 것)
272	등한히여기다	327	찾다
273	흠없이	332	욕설하다
275	걱정없게(없도록)	334	헌물
281	진실로	335	강청함
284	아미나답	337	죽이다
285	모래	338	무죄한
288	포도나무	339	바르게앉다
289	포도원지기	344	돌이키다(영적으로 돌아감)
290	포도원	345	앉아식사하다
293	그물	347	앉다, 앉히다
294	입히다(수동 : 입다)	349	부르짖다
296	사거리	350	판단하다
297	둘	352	펴서일어나다
300	아몬	353	승천하다
302	~마다	354	승천
303	씩(단위), 위쪽	355	분리소멸하다
305	(물에서)올라오다, (산에)올라가다	358	짠맛없는
307	끌어내다	360	풀려나다
308	올려보다	363	위로부터생각나다
309	올려봄	364	위로부터생각남
310	탄원하다	372	쉼
312	보고하다	373	쉬다, 쉬게하다
314	읽다	375	올려보내다
315	강권하다	376	앉은뱅이
318	부득이함	377	비스듬히앉다
321	이끌다(수동 : 이끌려지다)	378	이루다

380	두루말아펴다	453	통찰력없는
381	불붙다	454	지각없음
383	선동하다	455	열다
385	끌어올리다	458	불법
386	부활	459	불법자
389	위로부터탄식하다	461	똑바로일어나다
390	활동하다	465	교환
392	저술하다	467	보답하다
393	솟아오르다	468	보답
395	동방(복수), 동쪽(단수)	470	반박하다
398	위로나타나다	471	변박하다
399	올리다	472	중히여기다
400	높이부르다	473	대신, 대응하는, 이어, ~에 대하여
402	물러가다	474	주고받다
406	안드레	476	소송자
413	없어지지않는	479	답례로부르다
414	참을만하다	480	적대하다
417	바람	482	돕다
418	불가능한	483	반대하다(수동 : 반대당하다)
429	찾아내다	488	반대로측정하다
430	용납하다	492	피해지나가다
432	회향	495	반대편
435	남자	504	물없는
436	대적하다	508	다락방
437	감사하다	509	위, 위부터
444	사람	511	(더)위로
449	씻지않은	513	도끼
450	일어서다	514	마땅한
451	안나	515	당연하다
452	안나스		

518	전하다	590	외국나가는
519	목매달다	591	갚다
520	잡아끌고가다	593	버리다(수동 : 버림받다)
522	(수동 : 빼앗기다)	596	곳간
523	돌려달라하다	598	밀치다
525	변화하다	599	죽다
527	연한, 연하게	600 (†600b)	회복하다, 회복시키다
528	만나다	601	나타나다
529	만남	602	계시
533	거부하다	606	따로놓다
535	준공	607	목베다
537	일체모든 (것)(자)	608	봉쇄하다
539	유혹	609	잘라버리다
545	순종하지않는 (자)	611	대답하다
560	바라다	612	대답
561	맞은편(에서)	613	숨기다
565	퍼지다, 가다(오다)	614	숨긴
568	떨어져있다	615	죽이다(수동 : 죽임당하다)
569	안믿다	617	굴리다
570	믿음없음	618	받아가지다, 받아들이다
571	믿음없는	621	핥다
573	성한	622	멸(망)하다, 멸망시키다
575	~(로)부터,~로, ~에게서, ~출신	626	설파하다
576	떠나오다	629	구속
577	내어버리다	630	놓아보내다
582	호적	631	털어버리다
583	호적하다	633	씻다
586	십일조드리다	635	끌어미혹하다
588	환영하다	637	세척하다
589	외국나가다		

638	질식시키다(수동 : 질식되다)	709	점심먹다
640	혼란	712	오찬, 점심
645	빼다(칼을)	713	충분하다, 족한
647	이혼	714	족하다
648	뜯어내다	720	부인하다
649	(사람)보내다 : 떠나보내는 것	722	밭갈다
650	속이다	723	쟁기
652	사도	724	탐심
653	꼬투리잡다	726	빼앗다
654	돌이켜머물다	727	토색하는
657	작별하다	†730	남성
660	떨쳐버리다	732	병든 (자)
667	받아데려가다 (수동 : 받아데려가지다)	737	지금
		740	빵
672	떠나가다	741	간맞추다
674	기절하다	744	옛사람
680	만지다	745	아켈라오
681	켜다	746	처음, 처음실권자, 실권
684	멸망	749	대제사장
†686	이미, 그래서, 그렇다면	752	회당장
687	의문접두사(~느냐?)	754	세금징수장
689	람	756	시작하다
692	무익한	757	통치하다
694	은	758	통치자
696	은	759	향품
700	기쁘게하다	760	아사
704	양	762	꺼지지않는
705	(숫자를)세다(수동 : 세어지다)	766	호색
706	수(숫자를 말함)	768	아셀
707	아리마대	769	연약함

770	병들다		845	목격자
772	연약한 (자)		846	그의(인칭대명사NP)
779	부대(통을 말함)		848	그분
782	평안인사하다		851	없애다(수동 : 없어지다)
783	평안인사		853	상하게하다
787	앗사리온		855	안나타나는
792	별		856	뒤
796	번개		859	사함
797	번쩍이다		863	허용하라, 버려두다, 사하다
798	뭇별		868	떠나다
801	못깨닫는		870	두려움없이
803	확신		873	갈라내다
805	확고하게하다		875	거품흘리다
806	단단히		876	거품
811	방탕하게		877	지혜없음
815	자녀없는		878	지혜없는 (자)
816	주목하다		879	선잠자다(높임말 : 선잠드시다)
817	없는중에		881	아하스
818	천대하다		884	은혜모르는 (자)
820	존경없음		885	아킴
821	존경받지않다 (수동 : 존경주지않다)		886	손으로만들지않은
824	이상한		888	마땅치않은
832	피리불다		891	까지
833	뜰		892	쭉정이
834	피리부는자		897	바벨론
835	유하다		899	깊이
837	자라다		900	깊게하다
839	내일		901	깊은
840	엄한		905	지갑
844	저절로		906	던지다(수동 : 던져지다), 넣다

907	세례주다(수동 : 세례받다)		953	범하다
908	세례		954	바알세불
909	씻음		963	베다니
910	세례(요한)		965	베들레헴
911	(물을)찍다		966	벳새다
912	바라바		967	벳바게
914	바라갸		968	재판석
916	피곤하다 (수동 : 피곤해지다)		971	침략하다(수동 : 침략되다)
917	둔하게		973	침략자
918	바돌로매		975	책
920	바요나(요나의 아들)		976	성경책
922	짐		979	살림
924	바디매오		982	생활의
925	무겁게하다		984	상하게하다
926	무거운 (것)		985	싹나다
927	귀한(최상급 : 매우귀한)		987	모독하다
928	괴롭히다(수동 : 괴로워하다)		988	모독
930	고문자		991	바라보다, 보다
931	고통		992	붓는
932	왕국		993	보아너게
933	왕궁		994	외치다
935	왕		997	돕다
936	왕되다		999	구덩이
938	여왕		1000	던짐
941	짊어지다		1003	보아스
942	가시덤불		1005	북방(복수), 북쪽(단수)
943	22리터(22L)		1006	먹다, 먹이다
945	헛된반복하다		1010	공회의원
946	가증한것		1011	계획하다
950	확증하다		1012	뜻(하심)

1014	뜻하다	1069	지인
1015	작은산	1070	웃다
1016	소(동물)	1072	채우다(수동 : 채워지다)
1021	느린	1073	가득하다
1023	팔(신체)	1074	세대
1024	쪼금	1077	생일
1025	아기	1078	낳으심
1026	비내리다	1080	낳다
1027	천둥	1081	낳은 것, 난 것
1028	비	†1081	난 것
1030	갉(이를, 이발을)	1082	게네사렛
1033	양식	1083	태어남, 태어나심
1034	먹을 것	1084	낳은자
1035	먹는 것	1085	종류(동물, 물건), 종족(귀신, 사람)
1036	가라앉다(수동 : 가라앉혀지다)	1089	맛보다
1040	면화옷	1092	농부
1043	가브리엘	1093	땅
1046	거라사인	1094	쇠함
1049	헌금함	1096	되다, 생기다, 일어나다, 이루다, 나다
1055	고요함	1097	알다(동침하다는 뜻)
1056	갈릴리	1100	혀
1057	갈릴리인	1102	빨래하는 자
1060	결혼하다	1107	알게하다
1061	(여자가)결혼하다	1108	지식
1062	결혼식	1110	아는 (자)
1063	왜냐하면, ~때문이다	1111	원망하다
1064	자궁	1115	골고다
1065	허나	1118	부모
1067	지옥불	1119	무릎
1068	겟세마네		

1120	무릎꿇다		1171	몹시
1121	글자		1172	잔치하다
1122	서기관		1173	잔치
1124	성경		1176	10, 열
1125	기록하다(수동 : 기록되다)		1179	데가볼리
1127	깨어있다		1180	14, 열넷
1131	벗은(채), 벗은몸(AP)		1184	받아들여지는
1135	여자		1186	나무
1137	모퉁이		1188	오른쪽(단수), 오른편(복수), 오른쪽것(형대단수)
1138	다윗		1189	간청하다
1139	귀신들리다		1193	가죽
1140	귀신		1194	때리다(수동 : 맞다)
1142	귀신		1195	묶다
1144	눈물		1196	동여매다(수동 : 동여매어지다)
1146	반지		1197	단
1147	손가락		1198	죄수
1148	달마누다		1199	결박
1150	제어하다		1203	주권자
1155	빌리다, 빌려주다		1204	오다
1156	빚		1205	오다
1157	채권자		1207	첫번째 후 두번째
1158	다니엘		1208	둘째, 두번째
1159	낭비하다		1209	영접하다
1160	비용		1210	묶다
1161	그리고, 그러나, 그러자		1211	이제
1162	간구		1212	분명한
1163	~해야 한다		1220	데나리온
1166	보여주다		1223	~를 통해, ~때문에, ~동안, ~로, 내내
1169	무서워하는 (자)			
1170	아무			

1224	건너지나가다
1225	일러바치다
1227	밝히보다
1228	마귀
1229	일러주다
1230	지나다
1232	마음에간직하게하다
1234	심히원망하다
1235	완전히깨다
1239	다주다
1242	계약
1244	분할하다
1245	청소하다
1247	섬기다
1248	섬김
1249	섬기는자
1250	이백(200)
1252	판가름하다
1254	말리다
1255	이야기나누다
1256	논쟁하다
1257	그만두다
1259	화해하다
1260	의논하다
1261	의논
1263	낱낱이증거하다
1265	항상머물다
1266	나누다
1267	나눔
1269	몸짓하다

1270	의도
1271	뜻
1272	밝히열다
1273	밤새다
1275	늘
1276	건너가(오)다
1279	꼼꼼지지나가다
1280	당황하다
1281	철저히장사하다
1283	늑탈하다
1284	찢다(수동 : 찢어지다)
1285	고하다
1286	강포하다
1287	흩다(수동 : 흩어지다, 흩어버리다)
1288	끊다
1291	경계하다
1294	거역하다
1295	구해주다(수동 : 구함받다)
1298	심히요동하다
1299	지정하다
1301	지켜내다
1302	무엇때문에
1303	맡겨두다
1308	귀하다, 꼭가져가다
1310	소문내다(수동 : 소문나다)
1311	썩게하다
1314	굳게지키다
1316	단절하다
1318	가르치는
1319	교훈

1320	선생님	1369	불화시키다
1321	가르치다(수동 : 가르침받다)	1371	두배때리다
1322	가르침	1372	목마르다
1323	두드라크마	1375	핍박
1325	주다(수동 : 주어지다), 높임 : 드리다	1377	핍박하다(수동 : 핍박받다)
		1378	문서
1326	깨어나다, 깨우다	1380	생각하다, 생각나다
1327	광장	1381	분변하다
1329	통역해주다	1385	들보
1330	거쳐가다	1388	계략
1332	두살	1390	줄것
1334	각인시키다	1391	영광
1335	내력	1392	영광돌리다(수동 : 영광받다)
1339	간격떨어지다	1398	섬기다
1340	힘주다	1399	여종
1342	의인, 의로운 것, 의로운	1401	종
1343	의	1403	초청잔치
1344	의롭게여기다	1407	낫
1346	의롭게	1410	~할 수 있다
1348	재판장	1411	능력
1350	그물	1413	능력자
1352	때문에	1415	능력있는
1353	철저히길따라가다	1416	지다(태양이)
1358	구멍뚫다	1417	2, 둘
1360	~한 것 때문에	1419	지기어려운
1362	두배	1422	고민되는
1364	두번	1423	고민되게
1365	의심하다	1424	서방(복수), 서쪽(단수)
1367	이천(2,000)	1427	열둘, 12
1368	걸러내다	1430	지붕

1432	값없이	1491	모습
1433	내어주다	†1492	알다
1435	예물	1500	공연히
1436	으악!	1501	이십(20)
1437	QV누구든지, 만약~다면, 비록~한다해도	1504	형상
		1510	이다, 있다(높임:계시다), 속하다
1438	속, 자신, (예외:그것들), 스스로	1514	평안하다
1439	허락하다	1515	평안
1440	70(칠십)	1518	평안케하는 (자)
1441	70번, 일흔번	1519	~로, ~로서, ~하도록, 까지, ~에 대해, 겨냥하는, 위해
1444	히브리		
1448	가까오다 (완료 : 가까왔다)	1520	일(1), 한명
1451	가까운, 가까이,	1521	데리고들어가다(오다)
1453	일어나다. 일으키다	1522	듣다(수동 : 들리다)
1454	일어남	1525	들어가다, 들어오다
1455	정탐하는 자	1531	들어가다, 들어오다
1459	버리다	1533	끌려들어가다, 끌고들어가다
1470	넣다	1534	후에
1471	양수로배부른	1537	~에게서, ~에서, ~로부터(의), 출신으로, ~중(에), 중 일부, 중 하나, ~으로
1473	나, (복수)우리		
1474	굳어버리게하다		
1478	히스기야		
1480	관례하다	1538	각각
1482	이방인	1540	백(100)
1484	이방, 이방인	1542	백배(100배)
1485	전례	1543 (†1543)	백부장
1486 (†1486)	전례화하다		
		1544	내보내다
		1547	시집가다
1487	만약(jh넣고, js뺌), ~하겠느냐?, ~(할)까?	1548	시집가다
		1554	임대하다

1556	원한갚다		1615	완성하다
1557	원한갚음		1617	(더)적극적으로
1559	박해하다		1621	떨어버리다
1562	발가벗기다		1622	겉
1563	거기, 거기서, 거기로		1623	(서수)제 육, 여섯째
1564	거기서, 거기		1627	가지고나오다
1565	그(곳), 그(녀), 그(자)		1628	피하다
1567	치루다		1630	심히두려운
1568	순간놀라다 (수동 : 순간놀라워하다)		1631	내밀다
			1632	쏟다(수동 : 쏟아지다)
1573	절망하다		1633	빠져나오다
1577	교회		1636	올리브
1580	메고나오다(수동 : 메고나와지다)		1637	기름
1581	찍어버리다(수동 : 찍혀버려지다)		1643	(수동 : 밀려가다)
1582	열심이다		1645	가벼운
1584	빛나다		1646	가장작은(비교급)
1586	택하다		1648	엘르아살
1587	바닥나다		1651	책망하다
1588	선택한 (자)		1653	긍휼히여기다
1590	(수동 : 낙심되다)		1654	구제
1591	씻기다		1655	긍휼히여기는(자)
1592	우습게여기다		1656	긍휼
1598	시험하다		1658	자유한
1601	떨어져나가다		1662	엘리아김
1605	놀라다 (수동 : 놀라워하다)		1664	엘리웃
1606	영이나가다		1665	엘리사벳
1607	나오다		1666	엘리야
1610	뽑다		1668	종기
1611	경이로움		1669	종기앓다
1614	내밀다		1671	헬라

1672	헬라인	1734	십일(11) (서수)
1673	고대그리스	1735	존재하다
1674	헬라인(여자)	1737	옷입다
1679	소망하다	1741	영광스러운
1682	엘로이(아람어)	1742	옷
1683	저자신	1746	입다, 입히다
1684	(배로)오르다	1748	매복하다
1685	던져넣다	1750	둘러싸다
1686	넣다	1751	율법안에있다
1689	쳐다보다	1752	~하기에, 인하여
1690	엄히경계하다	1754	역사하다
1694	임마누엘	1758	달라붙다
1699	나의, 내것, 우리의(것)	1759	여기서
1702	희롱하다(수동 : 희롱당하다)	1760	생각하다
1705	만족하게하다(수동 : 만족되다)	1761	생각
1706	빠지다	1763	해, 한해
1711	장사(매매를 말함)	1765	힘있게하다
1713	상인	1766	(서수)제 구, 아홉째
1714	불태우다	1767	9, 아홉
1715	앞에((서)의), 앞서	1768	99, 아흔아홉
1716	계속침뱉다 (수동 : 계속침뱉음당하다)	†1768	90, 아흔
		1770	머리신호하다
1718	나타나다	1773	한밤에
1719	두려움에빠진	1777	처벌된
1722	안에,~에서, 입은, 중에(는), ~시	1778	명(사람의 계명)
		1779	장사지내다
1723	팔뚝에안다	1780	장사
1726	앞에서	1781	명하다
1727	대항하는	1782	여기서
1733	11, 열한(기수)	1784	존귀한

1785	계명
1787	안(에)
1788	선대되다, (수동 : 선대하다)
1794	말다
1799	앞, 앞에(서)
1803	육, 6
1806	데리고나가다
1807	빼다
1809	청구하다
1810	갑자기
1816	싹나다
1817	일어서게하다
1819	문득
1821	보내다
1823	찬란하다
1831	나오다, 나가다
1832	옳다
1833	캐묻다
1834	표현하다
1835	육십
1836	그다음날
1839	놀라다, 놀라게하다
1841	별세
1843	공개발언하다
1844	맹세로말하게하다
1846	뚫다
1847	(수동)멸시당하다
1848	멸시하다
1849	권세, (정관사3588+)권세자
1850	집권하다

1854	밖에, 밖으로, 바깥에, 밖에서
1855	겉, 겉으로는
1857	더바깥(비교급)
1859	명절
1860	약속하신 것
1861	약속하다
1865	모여있다
1867	칭찬하다
1869	(눈을)들다, 높이다
1870	부끄러워하다
1871	구걸하다
1872	따라가다, 따라오다
1875	~거든, ~하면(가정법X, 상황○)
1877	이끌어내어지다(수동형태)
1879	머물며쉬다, 머물며쉬게하다
1880	올라와있다
1881	대적하다
1883	위쪽에(서), ~이상
1887	다음날
1893	다음, ~이었기에
1895	~차에
1896	돌보다
1899	그런다음
1904	와서머물다
1905	묻다(수동 : 물음당하다)
1907	머물러있다
1908	모욕하다
1909	당시, ~에 대해, 맡아, 맡겨, 대고, 대(대응할때), 부분에서
1910	타다

1911	붙이다, (손을)대다		1980	돌아보다
1913	태우다(짐승 위에)		1982	덮다
1914	관심가지다		1984	돌봄받는직분
1915	조각(천에 쓰였음)		1987	잘알다
1918	장가들다		1988	스승님
1921	알다		1994	돌아오다, 돌아오게하다, 돌아가다 (수동 : 돌아와지셔서)
1923	글		1996	모으다
1924	새기다		1998	함께달려모이다
1925	보이다		2001	강해지다
1929	건네주다		2004	분부하다
1934	간구하다		2005	완전히이루다
1937	탐하다(탐함), 사모하다		2007	얹다
1939	사모함		2008	꾸짖다
1940	올라앉다		2010	허락하다
1941	일컫다		2012	청지기
1945	앞에놓다		2014	계속나타나다
1948	판결내리다		2019	소리질러듣게하다
1949	붙들다		2020	동트다
1950	잊어버리다		2021	시도하다
1956	풀어주다		2022	붓다
1959	책임지다		2032	하늘위
1960	부지런히		2033	칠(7)
1964	거짓맹세하다		2034	일곱번
1967	일용할		2036	간주하다
1968	임하다		2038	일하다
1975	도달하다		2039	성과
1976	꿰매다		2040	일꾼
1977	걸치다		2041	행위
1978	유명한		2044	내뱉다
1979	식사거리			

2046	권고하다	2106	기뻐하다
2047	빈들	2107	기쁜신뜻
2048	광야(명), 한적한(형), 황폐한(형)	2110	은인
2049	황폐하다(수동 : 황폐해지다)	2111	적합한
2050	황폐함	2112	곧바로
2051	다투다	2117	곧바로(부사), 곧바르게(형용사), 곧바른 것(형대)
2056	염소		
2064	가다, 오다	2119	기회있다
2065	요구하여묻다	2120	기회
2066	의상	2121	기회의
2067	차림	2122	기회적으로
2068	식사하다	2123	(더)쉬운
2073	저녁	2126	경건한
2074	헤스론	2127	축복하다(수동 : 축복받다)
2078	마지막	2128	축복되다
2079	마지막으로	2132	합의하다
2080	안에	2134	고자하다
2081	안, 안으로는	2135	고자
2083	동료	2147	발견하다(수동 : 발견되다)
2087	또다른 한명, 또다른 자	2149	넓은
2089	여전히, 동안, 이미, 까지, 더 이상, 아직, ~중에	2158	존경받는
		2159	유력하게
2090	준비하다	2164	풍작이다
2092	준비하는	2165	행복하다(수동 : 행복해하다)
2094	해, 년, 세(살)	2168	감사하다
2095	잘했다, 잘	2176	왼쪽(단수), 왼편(복수), 왼쪽것(형대단수)
2097	복음전하다		
2098	복음	2183	반열
2104	귀족적인	2186	와서서다
2105	좋은날씨	2188	열다(에바다)

번호	뜻	번호	뜻
2190	원수	2234	흡족하게
2191	독사	2235	이미
2192	갖고있다, 가지다, 입다, 해주다	2237	향락
		2238	박하
2193	~까지, 때까지	2240	오다
2194	스불론	2241	엘리(히브리어)
2195	삭개오	2243	엘리야
2196	세라	2244	키(신체키)
2197	사가랴	2246	태양
2198	살다 (분사 : 살아계신)	2250	(복수)기간, 낮, 일, 하루(단수), 날
2199	세베대		
2201	한쌍	2253	반쯤죽음
2208	셀롯	2255	절반
2210	잃다	2264	헤롯
2212	찾다, ~하려고 하다	2265	헤롯인
2215	가라지	2266	헤로디아
2216	스룹바벨	2268	이사야
2218	멍에	2270	함구하다
2219	누룩	2278	동일한소리나다
2220	부풀다	2279	동일한소리
2221	사로잡다 (수동 : 사로잡히다)	2280	다대오
2222	생명	2281	바다
2223	띠	2283	다말
2225	살려계대시키다	2284	놀랍게하다, (수동 : 놀랍게되다)
2228	이나(or) 또는, 보다, 아니면, ~외에, 또한	2285	놀라움
		2286	독
2230	총독이다	2288	죽음
2231	왕위	2289	죽이다, 죽게하다
2232	총독	2290	장례하다
2233	인정하다	2292	담대하다

2293	담대하라(명령형)		2350	(수동 : 웅성거리다)
2296	기이히여기다		2351	소동
2297	기이한일		2352	누르다(수동 : 눌리다)
2298	기이한		2354	슬피울다
2300	눈여겨보다		2355	슬픔
2303	유황		2359	털
2307	뜻		2360	(수동 : 무서워지다)
2309	원하다		2361	방울
2310	기초		2362	보좌
2311	기초하다		2364	딸
2316	하나님		2365	어린딸
2322	고침		2368	분향
2323	고치다(수동 : 고침받다)		2370	분향하다
2325	추수하다		2372	분(감정을 말함)
2326	추수, 추수할것		2373	노하다
2327	추수꾼		2374	문(문짝이 있는 문)
2328	덥게하다		2377	문지기
2329	뜨거움		2378	제물
2330	여름		2379	제단
2334	지켜보다		2380	희생제사하다
2335	구경		2381	도마
2337	젖먹이다		2383	야이로
2338	여성		2384	야곱
2340	책잡다		2385	야고보
2342	짐승		2390	낫다, 낫게하다(수동 : 나음받다)
2343	쌓아두다		2392	병고침
2344	보물		2395	의사
2346	(수동 : 환난받다)		2396	오호!
2347	환난		2397	형상
2348	죽다		2398	자기자신(의)

2400	(QS문장접두사)오!		2455	유다(이름)
2402	땀		2464	이삭
2405	제사장직		2465	천사와똑같은
2406	제사장때		2469	가룻
2407	제사장직무하다		2470	똑같은, 똑같게
2408	예레미야		2474	이스라엘
2409	제사장		2476	서다(수동 : 서게되다), 세우다, 서있다
2410	여리고			
2411	성전		2478	더강하시며(비교급), 강한(자)
2414	예루살렘		2479	기운
2415	예루살렘인		2480	강하다
2419	예루살렘		2481	아마
2421	이새		2484	이두래
2423	여고냐		2485	생선
2424	예수(님)		2486	물고기
2425	매우많은, 매우긴, 매우큰		2488	요담
2429	습기		2489	요안나
2433	긍휼히받(아주)다		2491	요한
2436	긍휼이 임하시기를!		2495	요나
2438	끈		2496	요람
2439	겉옷입다		2498	여호사밧
2440	겉옷		2499	요세
2441	겉속옷		2500	요셉
2443	~위하여, (~하기) 위함이다, (~하는) 것이, ~하도록, 곧		2501	요셉
			2502	요시야
2444	어째서, 무엇때문에		2503	점
2446	요단		2504	나도
2448	유다(지명)		2505	그대로
2449	유대(지명)		2507	내려버리다
2453	유대인		2511	깨끗하다, 깨끗하게하다

2512	정결
2513	청결한 (자)
2515	의자
2516	앉다
2517	차례로
2518	자다(높임 : 주무시다)
2521	앉다
2523	앉다
2524	달아내리다
2525	맡기다
2528	무장하다
2530	(~어떠)하기에
2531	그대로, 것처럼
2532	~과(와), ~도, 그래서, 그리고
2533	가야바
2537	새(new), 새것
2540	때(카이로스), 한때(단수)
2541	가이사
2542	가이사랴
2545	(불을) 켜다
2546	거기,거기서
2547	거기서도
2548	그것들이(도), 그들에게도, 그도
2549	악
2551	악담하다
2554	악행하다
2556	나쁜 (것)
2557	행악자
2560	나쁘게
2563	갈대
2564	부르다(수동 : 불리다)
2570	좋은
2572	덮다(수동 : 덮이다)
2573	좋게
2574	낙타
2575	용광로
2576	(눈을)감다
2579	~한다해도, ~이라도
2581	가나안인
2584	가버나움
2588	마음
2590	열매
2591	지도자
2592	열매맺다
2595	티
2596	~으로, ~따라, ~대로, 거스르는, ~마다, ~따른
2597	내려오(가)다, (비)내리다
2600	내리막
2601	내려가다(수동 : 내려가지다)
2602	창조
2606	비웃다
2608	꺾다
2609	대다
2611	싸매다
2613	정죄하다(수동 : 정죄되다)
2614	뒤따르다
2617	창피하다(수동 : 창피당하다)
2618	태우다
2621	기대어눕다

2622	떼어내다		2681	깃들다
2623	감금하다		2682	보금자리
2625	뉘어앉다		2690	둘러엎다
2627	홍수		2694	이송하다
2628	좇아오다		2695	대적살해하다
2629	내려찍다		2698	안치하다
2630	밀어떨어뜨리다		2705	입맞추다
2632	정죄하다		2706	경히여기다
2634	주장하다		2708	바르다(기름같은 것을)
2638	잡아내다		2711	시원하게하다
2641	떠나다, 남기다		2713	반대편
2642	돌로찍다		2715	권세부리다
2646	여관		2718	당도하다
2647	무너뜨리다, 융합하다		2719	먹어버리다
2648	생각해보다		2720	평탄케하다
2649	심문하다		2722	차지하다
2651	혼자		2723	고소하다
2653	심히저주하다		2724	고소할증거
2656	손짓하다		2727	교육하다(수동 : 교육받다)
2657	생각하다		2729	이기다
2661	합당하게여기다		2730	살다
2662	밟다(수동 : 밟히다)		2731	거처
2665	휘장		2736	아래로
2666	삼키다		†2736	그아래로
2668	도착하다		2739	태우다(수동 : 태워지다)
2670	(수동 : 빠지다)		2742	뜨거움
2672	저주하다		2749	놓이다
2673	파기하다		2753	명하다
2675	온전케하다		2756	거저
2680	예비하다		2760	백부장

2762	획
2763	토기장이
2765	동이
2766	기와
2768	불
2769	쥐엄열매
2770	얻다
2775	머리에상처내다
2776	머리
2778	머리세
2779	동산
2781	벌집
2782	전파
2784	전파하다(의미 : 복음을)
2785	큰물고기
2787	방주
2793	위험하다(수동 : 위험해지다)
2795	움직이다
2798	가지
2799	울다
2800	떼심
2801	조각(음식에 쓰였음)
2805	울음
2806	떼다
2807	열쇠
2808	닫다(수동 : 닫히다)
2810	글로바
2812	도둑
2813	도둑질하다
2816	상속하다, 상속받다

2817	상속
2818	상속자
2819	제비돌
2822	초청한자
2823	아궁이
2825	침대
2826	침상
2827	눕다
2828	떼
2829	도둑질
2830	밀려옴
2835	고드란트
2836	태, 배 : 몸의일부분
2837	잠자다
2839	부정한
2840	더럽히다
2844	참여함, 참여자
2845	잠자리
2847	붉은
2848	한 알
2851	형벌
2852	매로때리다
2853	묻다(먼지 등이)
2855	돈바꾸는자
2856	감하다(수동 : 감해지다)
2859	품
2865	받아내다
2867	회칠하다(수동 : 회칠되다)
2868	먼지
2869	멎다

2872	수고하다	2925	두드리다
2873	괴로움	2927	은밀한, 은밀한 것, 은밀한 곳
2874	거름	2928	감추다
2875	가슴치다, (나무)내려치다	2932	가지다
2876	까마귀	2933	재물
2877	소녀	2934	가축
2878	예물	2936	창조하다
2884	220리터(220L)	2937	피조물
2885	꾸미다(수동 : 꾸며지다)	2938	창조물
2889	세상	2939	창조자
2892	경계병	2944	둘러에워싸다
2894	바구니	2945	주위, 두루
2895	요	2947	뒹굴다
2896	소리지르다	2948	불구된(자)
2897	방탕	2949	물결
2898	해골	2951	근채
2899	자락	2952	개
2901	강하다(수동 : 강해지다)	2955	굽히다
2902	붙잡다	2956	구레네(인)
2903	최고권자(호격최상급)	2961	주관하다
2904	힘	2962	주인, 주님, 주
2905	소리치다	2965	개
2906	소리	2967	금하다
2910	달다(수동 : 달려있다, 달리다)	2968	마을
2911	비탈	2969	성과 마을
2917	판결	2971	하루살이
2918	백합화	2974	귀먹은 (자)
2919	심판하다(수동 : 심판받다)	2975	제비뽑히다
2920	심판	2976	나사로
2923	재판관	2977	가만히

2978	폭풍	3025	포도주틀
2980	얘기하다, 얘기하게하다	3026	우화
2981	얘기	3027	강도
2982	라마(아람어)	3029	심히
2983	받다	3030	유향
2985	등불	3036	돌로치다
2986	환하다	3037	돌
2988	호화롭게	3039	깨뜨리다
2989	비추다	3041	호수
2990	모르게하다	3042	흉년
2991	바위에판	3043	심지
2992	백성	3049	여기다
2998	파다	3056	말, 말씀
3000	충성하다	3061	전염병
3001	채소	3062 (†3062)	남은 (자), 나머지
3002	렙바이오스	3063	이후로는
3003	군대	3074	늑대
3004	~라 하는, ~말로, 말(씀)하다	3076	근심하다(수동 : 근심되다)
†3004	말(씀)하다	3077	근심
3006	순탄한	3078	루사니아
3007	모자라다	3081	해결되다
3008	봉사하다	3083	대속물
3009	봉사	3084	대속하다
3014	문둥병	3085	대속
3015	문둥병자	3087	등잔대
3016	렙톤	3088	등잔
3018	레위	3089	풀다(수동 : 풀리다)
3019	레위인	3091	롯
3021	희게하다	3093	막달라
3022	흰, 하얀		

3094	막달라	3167	큰일
3097	박사	3168	위엄
3100	제자되다	3170	크게하다
3101	제자	3173	큰
3106	복있다하다	3175	관료
3107	복있다	3177	번역하다(수동 : 번역되다)
3112	멀리(서)	3178	취함
3113	멀리서(575 3113)	3179	옮기다
3114	참다	3181	지경
3117	길게, 먼	3182	만취하다
3119	약한것	3183	아기
3120	부드러운	3184	취하다(술취하는 것을 말함)
3123	더욱	3185	더욱
3126	돈	3187	더큰 (자)
3128	므낫세	3189	검게
3129	배우다	3191	전심전력하다
3135	진주	3192	꿀
3136	마르다(사람이름)	3193	꿀의
3137	마리아	3195	다가오다, ~할(하려는) 것이다
3140	증거하다	3196	신체
3141	증거	3199 (†3199)	고려하다
3142	증거		
3144	증인	3201	흠잡다
3146	채찍질하다	3303	정말로
3148	채찍통증	3304	오히려
3149	가슴	3306	머물다
3155	헛되이	3307	나누다
3156	마태	3308	염려
3157	맛단	3309	염려하다
3162	칼	3310	영역

3312	나누는자	3383	말아라!(명령), 아니하고 (3383a3383b:a도 않고 b도 않고)
3313	참여함, 지방, 부분	3383~	~할 조차
3317	밤중	3384	어머니
3319	한가운데	3385	것이 아니냐
3324	가득한	3388	모태
3326	후, 함께, ~으로, ~가지고, 함께있는, ~되도록, 째	3391	하나
3327	옮겨가다	3396	섞다
3330	나눠주다	3397	조금
3332	이동하다	3398	작은 (자)
3338	뉘우치다	3400	천걸음(1,000걸음)
3339	변형하다(수동 : 변형되다)	3404	미워하다(수동 : 미움받다)
3340	회개하다	3407	품꾼
3341	회개	3408	보상
3342	사이에서	3409	고용하다
3349	되새기다	3411	고용한 (자)
3350	이주	3414	므나
3353	동업자	3415	기억나다
3354	측정하다	3418	굴무덤
3358	분량	3419	무덤
3360	까지	3421	기억하다
3361	AD아니하여	3422	기억
3366	~도 말(아)라	3423	약혼하다(수동 : 약혼되다)
3367	아무에게도 ~않다, 아무(것)도 ~말(아)라, 어떤것도	3424	간신히말하는(자)
		3425	겨우
3371	더이상 ~않다(없다, 말다, 못하다)	3426	항아리
3373	길어지다	3428	간음하는
3376	달, 개월	3429	간음하다
3377	알리다	3430	간음
3379	않도록, 않기 위함이다	3431	간음하다

3432	간음하는 자		3501	새로운
3439	독생한		†3501	(더)젊은 (자)
3440	~만, 오직		3502	젊음
3441	오직		3503	소년기
3442	외눈의		3507	구름
3444	형체		3508	납달리
3448	송아지		3514	실짜다
3457	맷돌의		3516	어린아이
3458	맷돌		3521	금식
3459	맷돌		3522	금식하다
3461	수만(명)		3523	굶겨, 굶은
3462	향유붓다		3528	이기다
3463	일만(10,000)		3534	승리
3464	향유		3535	니느웨
3466	비밀		3536	니느웨인
3471	맛잃다		3538	씻다
3474	미련한(놈,자)		3539	통찰하다
3475 (†3475a)	모세		3543	생각하다
			3544	율법사
3476	나손		3546	동전
3478	나사렛		3547	율법사
3479	나사렛의		3551	율법
3480	나사렛인		3554	질병
3483	그렇다		3555	새끼
3484	나인		3556	새끼
3485	성전		3558	(단수)남쪽, (복수)남방
3487	나드		3562	지각있게
3495	청년		3563	지각
3497	나아만		3565	며느리
3498	죽은 (자)		3566	신랑

3567	신랑집
3568	지금
3571	밤
3573	졸다
3575	노아
3581	나그네(APNMS)
3582	물주전자
3583	(손, 등이) 마르다(수동), 마르게하다 (능동)
3584	(손 등이)마른 (것)
3586	통나무
3588	관사(D), 여자, 아들, 일부, 있는, 곧
3589	팔십(80)
†3589	84, 팔십사
3592	그녀에게
3593	여행하다
3594	인도하다
3595	인도자
3598	길
3599	이(이빨)
3600	극히고통하다
3601	극한고통
3602	통곡
3604	웃시야
3606	곳에서
3608	이불보자기
3610	집하인
3614	집
3615	식구

3617	집주인
3618	짓다
3619	건물
3621	말씀보유하다
3622	말씀보유직
3623	말씀보유자
3624	집
3625	천하
3629	자비로운
3630	애주
3631	포도주
3634	것으로써
3636	지체하는
3638	팔, 8
3640	믿음적은 (자)
3641	적은 (자), 조금만
3646	번제물
3650	온, 전부, 온전히
3654	전혀
3655	소나기
3656	이야기주고받다
3660	맹세하다
3662	비슷하다
3664	비슷한
3666	비슷하게여기다 (수동 : 비슷하게여겨지다)
3668	비슷하게
3670	공언하다
3677	꿈
3679	욕하다

3681	부끄러움	3733	암탉
3684	나귀의	3735	산
3686	이름	3736	파다
3687	이름하다	3738	춤추다
3688	나귀	3739	일부, 한명, ~한 자, ~인
3689	진짜	3742	성결
3690	신포도주	3745	일들, 것들, 만큼
3693	뒤에서, 뒤로	3747	뼈
3694	뒤에, 뒤로, 뒤쫓아	3748	누구든지, (관대), 곧
3698	~할 적에	3751	허리(둘레)
3699	그곳, 어디로, 곳	3752	~때에는, (~할)때
3701	이상	3753	~때
3702	구운	3754	~다고, (곧) ~한 것을, ~기에
3704	~하도록, ~려고, 그러므로, 그럼으로써	3756	아니다, 아닌, ~말(아)라, 없다
		3757	곳
3705	환상	3758	아하!
3708	살펴보다, 보다	3759	화있다
†3708	보다	3760	아닌, 아니다
3709	진노	3761	아니하다, 않다, ~도
3710	화내다	3762	아무데도~않다(없다), 하나도 아닌, 아무도(어떤것도) ~없다(않다)
3714	산골		
3719	새벽에모이다		
3721	새벽일찍	3763	전혀~아니다, ~적이 없다
3722	새벽	3764	(~한) 적이 없는
3723	옳게	3765	더이상~않다
3724	정하다	3767	그런즉
3725	지역	3768	아직~아니다, 아직 ~ 못하다.
3726	맹세로말하다	3770	하늘의 (형)
3727	맹세	3772	하늘
3729	달려들다	3774	우리야

3775	귀	3824	재창조
3776	재산	3825	다시, 또한
3777	이나(nor)	3826	일제히
3778	이, 이것은, 이일, 이자는, 이말(씀), 이런(일), 이러한	3827	많고많은
		3829	숙박업소
3779	이같이	3830	숙박업소주인
3780	아닌	3833	전신갑주
3781	빚진자	3834	간계
3782	빚	3836	사방에서
3783	빚	3837	곳곳에서
3784	빚지다	3838	조금도
3788	눈	3840	사면으로
3789	뱀	3842	항상
3790	낭떠러지	3843	분명히
3791	괴롭히다(수동 : 괴롭힘당하다)	3844	널리, ~에게, ~에게서, ~보다, 곁에, ~에게는
3793	군중		
3796	저물게	3846	비교하다
3798	저문	3849	요청하다
3800	봉급	3850	비유
3802	올무씌우다	3853	명령하다
3803	올무	3854	오다
3811	징계하다	3855	지나가다
3812	아이적	3856	들추어내다
3813	아이	3857	낙원
3814	어린여종	3858	확실히영접하다
3816	아이, 하인	3860	넘겨주다(수동 : 넘겨지다)
3817	갈겨치다	3861	영광스러운 일
3819	벌써	3862	전통
3820	낡은(것), 옛것	3864	해변
3822	낡다(수동 : 낡아지다)	3868	사양하다

3869	가까이앉다		3953	대접
3870	권면하다		3954	밝히드러냄
3871	은폐하다		3955	밝히드러내다
3874	권면		3956	모든 (자), 모두, 전부
3877	가까이따르다		3957	유월절
3878	흘려듣다		3958	고난받다
3879	구부리다		3960	치다
3880	데리고(데려오다), 데려가다		3961	짓밟다
3882	해안		3962	아버지
3885	중풍병자		3965	족속
3886	중풍병들다		3968	고향
3899	지나가다		3973	그치다
3900	과실		3975	완악하다
3904	예비일		3976	쇠고랑
3906	살펴지키다		3977	평평한
3907	관찰		3979	도보로
3908	내주다		3982	확신시키다, 확신하다
3911	가져가움기다		3983	배고프다
3916	즉시		3985	시험하다(수동 : 시험받다)
3918	있다		3986	시험
3924	~없이		3989	깊음
3928	지나가다		3992	(사람)보내다 : 데리러
3930	하다, 가하다		3994	장모, 시어머니
3932	출가		3996	애통하다
3933	처녀		3998	극빈한
3936	곁에서다, 곁에서게하다		4000	오천(명)
3939	우거하다		4001	오백(500)
3945	유사하다		4002	다섯(5)
3946	유사한		4003	15째, 열다섯번째(서수)
3952	와서함께하심		4004	오십(50)

4008	건너	4064	메고오다
4009	끝	4066	주변지방
4012	~에 대하여, ~에, 주변에(을), 즈음에	4071	새
		4073	바위
4013	두루다니다	4074	베드로
4016	입다, 입히다	4075	돌밭
4017	둘러보다	4076	운향
4023	지배하다	4077	근원
4024	띠두르다(수동 : 띠둘려지다)	4082	가방
4028	가리다(신체를)	4083	규빗(자), 45cm
4029	매달다	4085	누르다(수동 : 눌리다)
4032	감추고있다	4090	심히
4033	에워싸다	4091	빌라도
4036	심히근심하다	4093	서판
4039	근처에사는	4094	쟁반
4040	이웃	4095	마시다
4043	걷다, 걸어다니는	4097	팔다
4045	굴복하다	4098	엎드리다, 무너지다, 떨어지다
4049	산만하다		
4051	가득한것	4100	믿다
4052	남다	4101	순수한
4053	더많이	4102	믿음
4054	(더)넘치게	4103	믿음있는
4055	(더)나은 자	4105	미혹하다(수동 : 미혹되다)
4056	더욱더	4106	미혹
4057	엄청나게	4107	미혹하는
4058	비둘기	4108	미혹하는 자(형대)
4059	할례하다	4113	큰거리
4060	두르다	4115	넓게하다
4063	돌아다니다	4116	큰

4118	가장많은		4167	양떼
4119	더많은, 더많이, (더)중한		4168	양무리(영적인 양)
4120	엮다		4169	무슨, 무엇, 몇, 어느
4124	탐욕		4171	전쟁
4126	행선하다		4172	성
4127	매		4177	시민
4128	무리		4178	자주
4129	(수동 : 많아지다)		4179	여러 배
4130	가득차다(수동 : 가득채워지다)		4180	많은말
4132	가득참		4183	많은 (자)들, 많은 것들, 많이
4133	그렇지만, 그러나, ~밖에		4185	매우비싼
4134	가득찬		4186	값비싼
4135	확실히이루다		4189	악함
4137	성취하다		4190	악한, 악한 자
4138	기운것, 성취한것, 성취		4194	본디오
4139	이웃		4197	여행
4142	작은배		4198	가다, 진행하다
4143	배		4202	음행
4145	부유한 (자)		4204	창녀
4147	부유하다		4206	멀리
4149	부유함		4207	멀리서
4151	영		4208	더멀리
4154	불다		4209	자색옷
4155	목잡다		4212	몇번
4159	어떻게, 어디서났느냐, 어디에		4214	얼마나, 얼마나 크겠느냐, 몇 (개)
4160	행하다, 만들다, (열매)맺다, (결혼식)베풀다, 하다		4215	홍수(복수), 강들(복수) 강(단수)
4164	여러가지		4217	(의문대)어떠한자, 어떠한지
4165	목양하다		4218	언제
4166	목자		4219	언제

4221	잔	4298	깊게나아가다
4222	마시게하다	4301	미리준비하다
4226	어디, 어디서, 어디~곳	4304	미리연구하다
4228	발, 양발	4305	미리염려하다
4229	사항	4308	미리말하다
4231	장사하다(상업적)	4313	앞서가다
4232	관정	4314	에게, ~도록 ~에, ~으로, ~하려고, ~에 대해, 향하여, 앞에, ~와
4233	담당자		
4234	행위	4315	안식일전날
4235	온유한	4317	인도하여오다, 인도하여가다
4237	그룹	4319	구제구하다
4238	하다	4320	올라가있다
4239	온유한(자)	4321	허비하다
4241	합당하다	4325	비용들다
4242	사신	4327	기다리다
4244	장로	4328	기대하다
4245	장로, (더)어른된	4329	기대
4246	노인	4331	곁에가까오다
4250	전에	4333	일하여만들다
4253	전에	4334	나아오다
4254	앞서가다	4335	기도
4259	앞뜰	4336	기도하다
4260	더가다	4337	조심하다
4261	싹트다	4339	개종자
4263	양	4340	잠깐만
4264	사주받다	4341	부르다
4273	배반자	4342	대기하다
4281	먼저가(오)다	4344	베개
4286	하나님앞(의)	4347	합하다
4289	소원하는		

4350	부딪치다(수동 : 부딪히다)		4412	첫번째로
4351	굴리다		4413	첫번째로, 첫째 날, 첫째, 먼저
4352	예배하다		4416	첫번째자녀인
4355	다가가다		4419	꼭대기
4357	앞에머무르다		4420	날개
4358	진입하다		4422	깜짝놀라다
4363	앞에엎드리다		4425	키
4364	앞장서다		4428	두루말아덮다
4365	앞에오다		4429	침뱉다(수동 : 침뱉음당하다)
†4366	맞닥뜨리다		4430	시체
4367	명하다		4431	무너짐
4369	더하다(수동 : 더하여지다)		4434	가난한 (자)
4370	달려오다		4435	매번
4374	바치다(헌금, 사람)		4437	수시로
4377	부르다		4439	출입문(문짝이 없는 열린문)
4379	건들다		4440	대문
4383	얼굴, 앞, 표면		4441	질문하다
4390	향해달려가다		4442	불
4391	전에있다		4444	망대
4392	외식		4445	열병앓다
4393	가져다놓다		4446	열병
4395	예언하다		4449	붉다
4396	선지자		4453	팔다
4398	여선지자		4454	나귀새끼
4399	앞지르다		4455	언제고
4403	선미갑판		4456	완악하다 (수동 : 완악해지다)
4404	새벽에		4457	완악함
4405	새벽		4459	어떻게, 얼마나
4410	높은자리		4461	랍비
4411	상석		4462	대랍비

4464	지팡이	4533	살몬
4469	라가	4535	파도
4470	천(옷만드는 재료를 말함)	4536	나팔
4471	라마	4537	나팔불다
4474	손으로치다	4539	살로메
4475	손으로침	4541	사마리아인
4476	바늘	4547	샌들
4477	라합	4550	못된
4478	라헬	4558	사렙다
4483	선포하다	4561	육체
4485	파괴	4563	소제하다(수동 : 소제되다)
4486	터뜨리다	4567	사탄
4487	선포된말(씀), 증언(의역)	4568	스아
4491	뿌리	4570	끄다(수동 꺼지다)
4496	던져놓다	4572	(재귀대명사)너자신, 그자신
4497	르호보암	4576	존중하다
4501	말씀칼(영의 칼을 의미)	4578	지진
4503	룻	4579	진동하다
4504	루포	4582	달
4505	거리	4583	간질하다
4506	건지다(수동 : 건져지다)	4592	표적
4511	유출	4594	오늘
4513	로마	4597	좀(곤충)
4518	사박다니(아람어)	4600	뺨
4521	(복수)안식의 날, (단수)안식일	4601	조용하다
4523	사두개인	4605	시돈
4524	사독	4608	독주
4526	베옷	4613	시몬
4528	스알디엘	4615	겨자
4531	흔들다(수동 : 흔들리다)	4616	세마포

4617	까부르다		4669	몰약섞다
4618	살진		4670	소돔
4619	살진 것		4672	솔로몬
4620	한끼분량		4673	관
4621	밀		4674	당신의(것), 너의(것), 너희(것)
4622	시온		4676	수건
4623	잠잠하다(수동 : 잠잠해지다)		4677	수산나
4624	실족게하다, 실족하다 (수동 : 실족되다)		4678	지혜
			4680	지혜로운 (자)
4625	실족		4682	경련일으키다
4626	파내다		4683	강보로싸다
4632	그릇		4685	빼내다
4633	성막		4686	중대(군대관련)
4639	그늘		4687	씨뿌리다
4640	뛰놀다		4688	경호원
4641	완악한 마음		4690	씨, 자손
4642	완악한		4692	애쓰다
4646	굽은 것(형대)		4693	굴
4648	성찰하다		4697	불쌍히여기다
4650	흩어버리다		4698	심정
4651	전갈		4699	해면스펀지
4652	어두운		4700	재
4653	어둠		4702	밀밭
4654	어둡게하다(수동 : 어두워지다)		4703	파종씨
4655	어두움		4709	간절히
4659	어두운안색의		4710	부지런함
4660	고생시키다(수동 : 고생되다)		4711	광주리
4661	고생		4712	스타디온(184m)
4663	구더기		4714	민란
4666	몰약		4715	한세겔

4716	십자가	4775	함께앉다
4717	십자가에못박다	4776	함께앉다
4718	포도	4779	불러모으다
4719	이삭	4780	위장하다
4721	지붕	4784	같이하다
4723	불임인	4788	포획하다
4727	탄식하다	4794	꼬부라지다
4728	좁은	4795	우연
4735	왕관	4796	함께기뻐하다
4738	가슴	4801	짝지어주다
4739	굳게서다	4802	문의하다
4741	굳게하다(수동 : 굳어지다)	4807	뽕나무
4743	순식간	4808	무화과나무
4744	광채나다	4809	돌무화과나무
4746	잔가지	4810	무화과
4749	깨끗한옷	4811	가로채다
4750	입	4814	대화하다
4753	군사	4815	수태하다, 잡다
4754	군생활하다	4816	골라내다
4755	상관	4817	동의하다
4756	군단	4818	함께근심하다
4757	군인	4819	발생하다
4760	군병	4820	한데모으다
4762	돌아서다(수동 : 돌아서지다)	4823	결의하다
4765	참새	4824	결의
4766	펼치다	4836	함께오다
4768	흐리다	4844	함께마시다
4771	너, (복수)너희	4845	함께당면하다 (수동 : 함께당면되다)
4772	친척(가족외)		
4773	친족(가족포함)	4846	막다

4848	동행하다		4912	사로잡다(수동 : 사로잡히다)
4849	모임		4917	깨다(수동 : 깨지다)
4851	유익하다		4918	함께환난주다
4855	함께자라다		4920	깨닫다
4856	합심하다		4921	함께서다
4858	풍류		4923	동행
4862	(~와) 함께		4928	곤고
4863	모으다(수동과거 : 모였다)		4929	명하다
4864	회당		4930	종말
4867	참석하다		4931	다끝마치다
4868	결산하다		4933	보존하다(수동 : 보존되다)
4870	함께따르다		4934	공모하다
4872	함께올라오다		4936	함께달려가다
4873	함께앉다		4937	상하게하다(수동 : 부러지다), 부러뜨리다
4876	만나다			
4877	만남		4940	함께누리다
4878	협력해돕다		4947	수리아
4880	함께죽다		4948	수리아인
4884	포로삼다		4949	수로보니게
4885	함께자라다		4952	전신경련일으키다
4889	동료종		4953	신호
4892	공회		4955	폭동
4895	함께있다		4957	함께십자가에못박히다
4896	모여들다		4970	매우
4903	함께역사하다		4972	인치다
4905	함께하다		4977	(수동 : 갈라지다)
4906	함께식사하다		4978	해어짐
4907	현명함		4980	틈있다
4908	현명한(자)		4982	구원하다
4909	옳게여기다		4983	몸

4984	육체적인	5055	끝마치다, 세금내다
4990	구원자	5056	끝, 세금
4991	구원	5057	세금징수원
4992	구원하심(형대)	5058	세관
4993	정신차리다	5059	이적
5007	달란트	5062	40, 사십
5009	골방	5064	4, 사
5010	직무	5067	(서수) 4
5011	겸손한 (자)	5070	사천(명)
5013	낮추다(수동 : 낮아지다)	5073	4배
5014	낮음	5075	4분봉왕이다
5015	요동하다(수동 : 요동되다)	5076	4분봉왕
5016	요동	5081	선명하게
5021	정해주다(수동 : 정해지다)	5083	지키다
5022	황소	5086	디베료
5027	묘지	5087	두다, 대다
5028	묘	5088	출산하다
5030	빨리	5089	자르다
5034	신속	5090	디매오
5035	속히	5091	공경하다
5036	속히	5092	값
5037	그런데	5100	무엇, 어떤, 어떤자, ~(할)것, 일부, 어떤자, ~자
5043	자녀	5101	누가, 누구, 무슨, 누구의것, 무엇, 어떻게
5045	목수	5106	자! 이제
5046	온전한	5108	이런(자)(일), 그만한, 이만큼
5048	온전케하다	5110	이자
5050	온전한이룸	5111	담대하다
5052	끝까지열매맺다	5117	장소
5053	사망하다(수동 : 사망하게되다)		
5054	사망		

5118	이만한, 이정도
5119	그때
5122	이름이 ~인자
5132	상(밥상을 말함), 은행
5133	은행업자
5134	상처
5135	상처나게하다
5137	목
5138	험난한 것
5139	드라고닛
5140	삼(3)
5141	떨다
5142	기르다
5143	달려가다
5144	삼십(30)
5145	삼백(300)
5146	엉겅퀴
5147	험한길
5149	(이를)악물다
5151	세번
5154	서수 : 삼(3), 셋째, 세번째
5156	떨림
5158	모양
5160	음식
5165	그릇
5166	따다
5167	산비둘기
5168	틈새
5169	틈새
5172	사치스러움

5176	영합하다
5177	당하다
5180	치다
5182	심란하다(수동 : 심란해지다)
5184	두로
5185	눈먼 (자)
5188	(수동 : 꺼져가다)
5195	능욕하다(수동 : 능욕받다)
5198	건강하다
5199	온전한
5200	파릇파릇한
5203	수종있는
5204	물
5207	아들
5212	너희의
5214	찬송하다
5217	가다
5219	순종하다
5221	만나다
5224	소유하다
5225	보유하다
5228	위하여, 위에, ~보다
5240	넘치다(수동 : 넘쳐지다)
5243	교만
5244	교만한 자
5249	너무나
5257	사역자
5258	잠
5259	~에게서, 아래에
5263	가르치다

5264	모셔영접하다
5265	(수동) 신겨지다
5266	신발
5268	안장지운 짐승
5270	아래쪽에
5271	판정하다
5272	위선
5273	위선자
5274	받아들이다
5276	포도즙틀자리
5278	견디다
5279	(수동 : 위로부터생각들다)
5281	인내
5286	발판
5290	돌아가다, 돌아오다
5291	아래펼치다
5293	복종적이다
5295	이후에
5298	체류하다
5299	휘어잡다
5302	부족하다
5303	부족함
5304	극빈함
5305	그후에
5308	높은
5310	가장높은 (곳)(분)
5311	높음, 높은데
5312	높이다(수동 : 높아지다)
5314	탐식
5315	먹다(높임 : 잡수시다)
†5315a	먹어버리다
5316	나타나다, 나타내다
5318	공개적인, 공개한 (것)
5319	공개하다
5320	공개적으로
5323	바누엘
5326	유령
5327	골짜기
5329	베레스
5330	바리새인
5336	축사(가축을 기르는 건물)
5338	비침
5342	가져오(가)다, (누구를)데려오다
5343	도망하다
5345	소문
5346	들려주다
5348	임하다
5355	시기(감정)
5366	돈좋아하는(돈좋아함)
5368	좋아하다
5370	입맞춤
5376	빌립
5379	다툼
5384	친구
5392	잠잠케하다(수동 : 잠잠케되다)
5395	불꽃
5399	두렵다, 두렵게하다 (수동 : 두려워하다)
5400	두려운 일
5401	두려움

5406	살인자		5460	밝은
5407	살인하다		5461	밝게하다
5408	살인		5463	기뻐하다
5409	입다		5465	잡아내리다
5411	식민세		5467	사나운
5412	짐지다		5473	동그릇
5413	짐		5475	동
5417	채찍질하다		5478	가나안(형)
5418	산울타리		5479	기쁨
5419	설명하다		5482	토성
5421	우물		5483	용서하다
5426	생각하다		5484	~하므로
5427	생각		5485	은혜
5428	총명		5487	은혜주다(수동 : 은혜받다)
5429	총명한		5490	협곡
5430	총명하게		5491	입술
5432	가져오다		5494	겨울
5437	도망		5495	손, (복수)양손
5438	감옥, 경(시간개념)		5499	손으로만든
5440	말씀실천띠		5501	더심하게
5442	지키다		5503	과부, 과부된
5443	지파		5505	천(1000)
5444	잎사귀		5506	천부장
5451	심음		5509	속옷
5452	심다		5510	눈(snow)
5453	나다(심은 것이)		5511	통옷
5454	굴		5515	푸른(색깔)
5455	소리내어부르다		5519	돼지
5456	소리, 음성(사람, 귀신)		5521	쓸개
5457	빛		5522	흙

5523	고라신	5584	만져보다
5525	춤	5585	계산하다
5526	배부르다(수동 : 배불리다)	5589	부스러기
5528	풀	5590	영혼
5529	구사	5593	차가운 것
5531	필요공급하다	5594	식다(수동 : 식어지다)
5532	필요	5597	비비다
5533	채무자	5599	오오!
5535	필요하다	5601	오벳
5536	금전	5602	여기
5537	지시하다(수동 : 지시받다)	5604	산통
5543	인자한	5606	어깨
5547	그리스도	5609	계란
5548	기름붓다	5610	시간, 시(한)
5549	지체하다	5611	아름답게
5550	때(크로노스), 동안	5613	~한 대로, ~한 것같이, 같이도, ~하자, (~하는) 중에, 약, ~한 것(으로), 것,
5557	금		
5560	저는자		
5561	지방	5614	호산나
5562	수용하다(수동 : 수용되다)	5615	그와같이
5563	가르다	5616	~처럼, 정도
5564	토지	5618	~처럼
5565	외에	5620	~할 정도로, ~려고, 그럼으로써, 그러므로, ~하였으므로
5568	찬양, 시편(의역)		
†5574	거짓되다		
5575	거짓증인	5621	귓바퀴
5576	거짓증언하다	5623	유익하다(수동 : 유익얻다)
5577	거짓증거		
5578	거짓선지자		
5580	거짓그리스도		

스트롱코드	뜻
1067 3588 4442	불의 지옥불
1096 5613	~되자
1161 2532	또
1223 2250	며칠만에
1223 3650 3588 3571	온밤내내
1223 3778	이러므로
1223 3956	계속
1487 1161 †3361	그럴지 않으면
1487 1161 3761	그럴지 않으면
1487 3361	~할 뿐이다, ~외에는
1519 1438	스스로, 자신에게
1519 1515	평안히
1519 3588 165	영원히
1519 3588 2048(형대)	광야로
1519 3588 3838	조금도
1519 3588 899	깊은데로
1519 3588 4008	건너편으로
1519 5101	무엇하러
1519 5056	끝까지
1519 5117 2048(형)	한적한 장소로
1520 2596 1520	한명 한명마다
1537 2425	오래
1537 3588 5259 3772 1519 3588 5259 3772	하늘 아래 이편에서 하늘 아래 저편까지
1537 3772	하늘로부터(의)
1537 5311	높은데서부터
1722 (3588) 2250(복수)	기간에
1722 (3588) 3772	하늘에 있는
1722 1438	속으로, 서로, 자신들끼리

1722	1515			평안히
1722	1565	3588	2250(단수)	그 날에
1722	1565	3588	2250(복수)	그 기간에
1722	1565	3588	5610	그 시간에
1722	240			남(들)과
1722	2540(단수)			~때에
1722	3319			한가운데에, 한가운데서
1722	3391	3588	2250(복수)	어느 날에
1722	3588	1836 (2250)		그다음 날에
1722	3588	2250(단수) 3588 4521(단수,복수)		안식의 날에
1722	3588	2517		차례로
1722	3588	2540	3778	이 때에
1722	3588	2927		은밀히
1722	3588	3824		재창조시
1722	3588	3989		깊은데
1722	3588	5010		직무대로
1722	3588	5318		공개적으로
1722	3650	3588	1271	온 뜻으로
1722	3650	3588	2588	온 마음으로
1722	3650	3588	5590	온 영혼으로
1722	3956	2540		모든 때에
1722	5034			신속히
1722	5101			무엇으로
1722	846			거기서
1722	846	3588	2540	그 때에
1752	3778			이렇기에
1909	1438			스스로
1909	225			진리로
1909	3588	839		다음날에

1909 3588 846			그 위에서
1909 3745			동안에
1909 3956 3778			이 모든것들 위에
1909 5550			그때에
1909 846			그리로
2193 302			~때까지
2193 3755			동안에, ~때까지
2193 4219			언제까지
2222 166			영원한 생명
2250(단수) 3778			오늘날
2531 2532			~것과 같이
2532 1487			~할지라도
2596 1438			스스로
2596 2250			날마다
2596 2398			따로
2596 3650 3588 4172			온 성마다
2596 3778			이런식으로
2596 4795			우연히
2596 5101			무엇으로
2596 5117			장소(들)에 따라
302 3360 3588 4594			오늘까지도
3326 (1161) 3778			이후에
3326 1024			쪼금 후에
3326 1161 3778			이후에
3326 1417 2250			이틀 후
3326 1438			자신들과 함께
3326 240			남남끼리
3326 3397			조금 후
3326 3727			맹세로
3326 5479			기쁨으로

3360 3588 4594	오늘까지
3361~ 3366~	~도 ~도 못하다
3560 3588 2250	종일
3588 1722 3588 2927	은밀히 계신
3588 1722 3588 3772(복수)	하늘들에 계신
3588 2250 3588 5154	제3일에
3588 3584	마른곳
3588 4012	주변 사람들
3588 740 3588 4286	하나님앞의 빵
3588 846(형대)	그처럼
3588 932 3588 3772(복수)	하늘들의 왕국
3699 1437	어디든지, 어디로~든지
3699 302	곳마다
3739 1437	(사람)만약 ~자, 무엇을 ~하든지, 무엇이든지
3739 302	~자마다
3739 3756	까닭이다
3739 5484	이러하므로
3745 302	무엇을~하든지, ~자마다
3748 302	누구든지 ~자마다
3756 1510	없다
3756 3361	결코 아니다
3756 714	부족하다
3756~ 3761~	~하지도 못하고~하지도 못하다 (neither~neither)
3768~ 3761~	~하지도 못하고~하지도 못하다
3777 a 3777 b c(동사)	a도 b도 c를 하지 못하다
3778 3588 2094	이 해
3844 1438	자신들끼리
3844 3588 2281	바닷가
3844 3588 3041	호숫가

3844 3588 3598	길가
3844 3588 4228	발곁
3924 3056	말씀 없이
3956 3588 2250	항상
4012 3588 1766	제 구시(15시) 즈음에
4012 846	그 주변을(에)
4183 5550(복수)	많은 때
4253 4383	앞서
4314 1438(단수)	혼자서
4314 1438(복수)	서로
4314 240	서로
4314 3588 2307	뜻대로
4314 3761 1520 4487	한 선포된 말씀에도
4314 846(3인칭복수)	그들끼리
473 3739	대신에, ~한 자이기에
5550(복수) 2425	매우긴 기간
5613 3752	때같이
5613 4396	선지자로서
5613 4572	자신같이
575 1438	스스로
575 1565 3588 2250	그 날부터
575 165	영원부터
575 509 2193 2736	위부터 아래까지
575 3113	멀리서
575 3391	하나로
575 3588 1417	둘 중에
575 3588 5610 1565	그 시간부터
575 5119	그때부터
575 737	지금부터
575 746	처음부터

846	3588	2424	예수님 그분
891	2540		때까지(다음 때까지)
891	3739	2250	날까지
976	5568		시편(찬양의 성경책)

마침말

박경호헬라어번역성경 NEW마가복음은!
기존의 박경호헬라어번역성경 마가복음과는 매우 큰 차이가 있습니다.

박경호헬라어스트롱사전에 의한 100% 완전한 1:1 대응입니다.

예를 들어,
"내 이름으로 귀신들을 쫓아낼 것이다.
새 방언으로 말할 것이다.
뱀들을 집을 것이다."

가 기존의 번역이었다면,

"내 이름으로 귀신들을 내보낼 것이다. 새 혀로 얘기할 것이다.
뱀들을 들고갈 것이다."
가 새롭게 번역된 내용입니다.

사실, 어마어마한 변화입니다.

이렇게 1:1로의 번역을 하면,
문장이 매끄럽거나 쉽게 이해되지는 않지만,
헬라어원어의 의미는 아주 정확하게 이해되어,
하나님의 말씀이 주시고자 하는 내용을 정확하게 이해될 수 있는 것입니다.

왜냐하면, '방언'으로 번역하면!
방언을, 언어로 인식하게 되어,
사도행전의 방언인 '현지어'를 은사로 받거나,
대부분의 방언인 '고대어'나 '천국의 언어'를 성령의 은사로
받았다고 생각하기 때문입니다.

사실은, '기존의 혀'에 의한 언어가 아닌,
'새 혀'가 주어져, 현지어건, 고대어건, 천국의 언어건,
다양한 '하늘의 언어'가 입에서 나오는 것입니다.

이제, 100% 완전한 1:1한글대응으로,
성경해석이 어려웠던 모든 내용들에 대한
명쾌한 성경적인 답을 얻게 된 것입니다.

연속하여, NEW요한복음의 출판이 기다리고 있습니다.

2021년 11월 11일

[베다니 히브리어&헬라어 번역원 원장] 박경호

박경호헬라어번역성경

성경 중의 성경은 4복음성경입니다

기존에 번역된 신약성경과는 달리,

I. 스테판(1550년) 사본을 번역하였으며,
    원어를 100% 옮긴 오번역 제로 성경입니다.

II. 모든 한글 및 영어 번역본은 헬라어 한 단어를,
    여러 단어로 번역하지만, 원어를 한글 한 단어로
    고정시키는 20년의 끈질긴 노력으로,
    완전 직역에 성공한 전무 후무한 성경입니다.

III. 어린이에게도 쉬운 성경이며, 연세가 많으신
    분들이나 시력이 약한 분도 큰 글씨로 잘
    보이는 선물용 성경입니다.

IV. 12장으로 나누고, 문장의 의미에 따라서
    절을 만들고, 각장에 제목을 붙임으로,
    이해하기 쉬운 새로운 성경입니다.

V. 유튜브에 마태 / 누가 / 마가 / 요한 /
    요한계시록 각 구절 강해를 진행하고 있는,
    각 구절 강해 성경입니다.

대표번호 010-3090-8419

https://bethanyecclesia.blogspot.com/ ▾